江河交汇扬清風

扬州廉洁文化阵地

中共扬州市纪律检查委员会
扬州市监察委员会
编著

广陵书社

图书在版编目（CIP）数据
江河交汇扬清风 ： 扬州廉洁文化阵地 / 中共扬州市纪律检查委员会， 扬州市监察委员会编著. -- 扬州 ： 广陵书社， 2025. 1. -- ISBN 978-7-5554-2492-5
Ⅰ. D630.9
中国国家版本馆CIP数据核字第2024MG6795号

书　　名	江河交汇扬清风——扬州廉洁文化阵地
编　　著	中共扬州市纪律检查委员会　扬州市监察委员会
责任编辑	郭志慧
助理编辑	刘　洪
出版发行	广陵书社 扬州市四望亭路 2-4 号　　邮编　225001 （0514）85228081（总编办）　85228088（发行部） http://www.yzglpub.com　E-mail:yzglss@163.com
印　　刷	扬州皓宇图文印刷有限公司
开　　本	880 毫米 × 1230 毫米　1/32
印　　张	9.5
字　　数	209 千字
版　　次	2025 年 1 月第 1 版
印　　次	2025 年 1 月第 1 次印刷
标准书号	ISBN 978-7-5554-2492-5
定　　价	58.00 元

《江河交汇扬清风》编委会

序

地处长江与运河交汇处的扬州，自古通江达海、人文荟萃，枕听着水韵悠悠，传承着千年文脉。2020 年 11 月，习近平总书记在扬州考察调研时指出："扬州是个好地方，依水而建、缘水而兴、因水而美，是国家重要历史文化名城。"2024 年 4 月，中共中央政治局常委、中央纪委书记李希考察调研中国大运河博物馆、平山堂廉政教育基地等地，强调要弘扬中华优秀传统文化中的廉洁思想，持续深化新时代廉洁文化建设。扬州熠熠生辉的历史文化，既是这座城市的灵魂，更为新时代廉洁文化建设提供了资源宝库。

扬州是国务院公布的首批国家历史文化名城。2500 多年的发展史上，涌现出的清官廉吏、革命先烈、名人贤士灿若星辰，留下了众多或发人深省或感人肺腑的事迹和故事，保存了大量的文化遗存和历史遗迹。"文章太守"欧阳修知扬州，为政宽简，在北郊大明寺西侧修建平山堂，后来它成为扬州的文化地标。苏轼任扬州太守，罢开芍药万花会，"虽杀风景，免造业也"，却成为扬州百姓的一段佳话。史可法力矢孤忠、终蹈一死，无数游客来到梅花岭下的史公祠内，景仰其浩然正气。“扬州八怪”代表人物郑板桥曾留下穿越时空的爱民心声：“衙斋卧听萧萧竹，疑是民间疾苦声。些小吾曹州县吏，一枝一叶总关情。”

扬州同样是一座铁血铸就的英雄之城。江上青等革命先烈率领江都县文化界救亡协会流动宣传团成员，从这里溯江而上，沿途宣传抗日救亡主张。曾在解放后担任江苏省首任监委书记的邱一涵，与革命同仁在此成立华中雪枫大学，培养了一大批军政干部。解放战争时期，这里打响了苏中“七战七捷”中的第六战——邵伯保卫战。三江营则目睹了“紫石英”号事件和列强“炮舰外交”的终结，也见证了“百万雄师过大江”的威武雄壮。

文化是一种熏陶、一种养成，也是一种底蕴、一种力量，更是一种支撑、一种引领。无数仁人志士在扬州独特的文化气息中浸润成长，从这里走出了一生坚守气节、至死不渝的朱自清，走出了同狱友用鲜血和生命写就“狱中八条”的许晓轩，走出了“中国航空发动机之父”吴大观、“两弹”功臣乔登江，走出了在国家需要时三次说出“我愿意”的何园后人、核物理专家王承书，也走出了笔墨间一派中国气象的汪曾祺，以及帕米尔高原上的“白衣圣人”吴登云……扬州各处的名人故居、纪念场馆、家风学堂等，讲述着他们的故事和精神。他们的家国情怀、报国之志、为民担当、傲然风骨、清正品行是扬州人民宝贵的精神财富，纪念他们的文化遗存和历史遗迹，成为人们感悟先贤精神、领略扬州文化魅力的一扇窗口。

近年来，扬州市高度重视廉洁文化资源的发掘利用，先后出版全国首份家风主题杂志，组织编印《清风伴我扬州行》《清风扬州人物谱》《扬州历代贤官》等书籍，举办“欧阳修与扬州城市精神”“苏东坡与扬州”“纪念史可法诞辰420周年暨弘扬史可法精神”“扬州八怪与廉洁文化”等学术研讨会、座谈会，从历史文化中汲取廉洁养分。同时，注重以文艺作品等形式放大廉洁教育效果，创作推出了扬剧《郑板桥》、舞剧《朱自清》等一批群众喜爱的文艺精品；举办两届“运河清风”微电影大赛，共征集作品1700余部，微电影《河口》获得全国廉洁文化微电影微视频优秀作品奖，为新时代廉洁文化建设探索了有益路径。

文以载道，廉育人心。扬州市秉持嵌入融入、结合融合理念，从革命文化、中华优秀传统文化以及社会主义先进文化中汲取廉洁理念，精心打造了平山堂廉政教育基地、史可法纪念馆、扬州家风展示馆、邱一涵事迹陈列室、“毓贤尚廉”廉洁教育基地等46处廉洁文化阵地，串珠成链、连线成片，推出理想信念、奋斗历程、运河清风、古城清风、家风传承等10条廉洁文化研学专线。让扬州深厚文化底蕴中的廉洁元素走出尘封记忆，带着浓郁的地域气息和不朽的人文精神，成为党员干部接受廉洁教育、汲取精神养分的有形阵地。

本书以研学专线为章节，通过图文并茂的形式，将46处廉洁文化阵地的基本情况、历史沿革、人物故事、廉洁理念、贴心向导等汇于一册。行文力求简明，将每一处廉洁文化阵地所承载的历史事迹、人物品质和廉洁因子展现出来。我们希望这本书既可作为廉洁文化研学专线游览地图和党员干部廉洁文化读物，又能助力扬州国际旅游文化名城建设。时光不语，岁月不居，古城扬州蕴含的廉洁精神应和着大运河的韵律脉动，从未间断。而今扬州站在新的历史起点上，正奋力建设新时代廉洁文化高地。我们相信，从历史和文化中汲取精神滋养，深化新时代廉洁文化建设，将在筑牢党员干部廉洁从政思想堤坝、一体推进“三不腐”方面发挥更加积极的作用。

（中共扬州市委常委、市纪委书记、市监委主任　张宏伟）

目　录

理想信念专线

奋斗历程专线

运河清风专线

古城清风专线

家风传承专线

荷香清风专线

邮城清风专线

白沙清风专线

龙川清风专线

邗上清风专线

理想信念专线

为有牺牲多壮志——扬州革命烈士陵园

扬州革命烈士陵园，坐落于蜀冈中峰的万松岭上。陵园占地面积70亩，前眺瘦西湖，东临观音山，西接大明寺，地理位置优越，是江苏省爱国主义教育基地、扬州市廉洁文化基地、扬州市党史教育基地。

陵园布局

扬州革命烈士陵园始建于1954年，扩建于1997年，改建于2005年，2009年再次进行了升级改造。园内建有入口牌楼、凭吊广场、烈士诗抄碑、烈士纪念碑、烈士墓区、烈士纪念馆等纪念建筑物，共同营造了缅怀革命先烈精神不朽、英魂长存的庄严氛围。

烈士陵园入口牌楼古朴典雅，上面镌刻着江泽民同志亲笔题写的“扬州革命烈士陵园”8个金光闪闪的大字。穿过牌楼拾级而上，两侧雪松傲立、鲜花锦簇，充满欣欣向荣的生命活力。集散广场两侧建有6座碑壁，碑壁上刻有全国著名烈士的革命诗文。纪念碑由3人烈士群雕组成，基座下面“为国牺牲永垂不朽”8个鎏金大字熠熠生辉。纪念碑外侧建有17.8米高的英灵之门，纪念碑下是由花岗岩铺设的可容纳6000人祭扫的广场，广场两侧嵌卧着8个直径为 4.5 米的汉白玉石雕花圈。几组纪念建筑物气势雄伟壮观，呈现出庄重坚定的风格。烈士墓区位于纪念碑北侧，嫣红色花岗岩墓碑沿坡安放，静卧在浓郁的草地中，象征着烈士精神生生不息，与大地共存。陵园烈士墓区共安葬了 57 位有记录烈士、3 位无名烈士。

扬州革命烈士纪念馆

"为有牺牲多壮志，敢教日月换新天。"陵园的主体建筑是位于烈士纪念碑正后方的革命烈士纪念馆，整个纪念馆面积达 2000 平方米。从辛亥革命至今的各个历史阶段，先后有 15000 多名扬州人民的优秀儿女为革命事业献出了宝贵的生命。纪念馆共有 12 个

扬州革命烈士纪念馆

展厅，以时间顺序陈列，展示了辛亥革命先驱熊成基、皖东北抗日根据地创始人江上青和《红岩》中许云峰、齐晓轩的原型许晓轩等全国知名烈士以及扬州各个革命时期 200 多名烈士的生平事迹和斗争史料。

熊成基

他是辛亥革命时期的先驱者、著名的安庆起义总司令。熊成基为了推翻封建帝制，积极投身革命运动，组织和领导了安庆起义等一系列武装斗争，展现出了坚定的革命信念和大无畏的精神。他的英勇行为为辛亥革命的爆发奠定了一定的基础，安庆起义虽最终失败，但他的精神激励了无数后来者为革命事业不懈奋斗。

熊成基塑像

江上青塑像

江上青

江上青是100位为新中国成立作出突出贡献的英雄模范人物之一。他青少年时代即投身革命，历尽磨难，在斗争中成长为一名坚强的革命战士。他才华横溢，是一位感情炽热的诗人。抗日战争爆发后，他率领江都县文化界救亡协会流动宣传团，辗转4省17县，发动民众，抗日救亡。1938年秋，任中共皖东北特别支部书记，深入敌后，开辟皖东北，是皖东北抗日民主根据地的创始人之一。他为建立抗日民族统一战线而英勇牺牲。

盛白沙

盛白沙是扬州仪征人，民国海军中将、肇和舰舰长。他曾提出“三个不要”，即不要钱、不要名、不要命。“不要钱”体现了他高度的廉洁自律精神，为身边的人树立了廉洁奉公的榜样，激励着后人在面对金钱诱惑时能够坚守原则，保持着一颗纯粹的爱国之心和为国家奉献的赤诚情怀。“不要名”彰显出他内心深处有着极为纯净的精神追求。他将个人价值和意义完全置于对国家和民族的奉献之中，不热衷于在名利场上追求个人的荣耀和地位，一心只为了心中的理想信念奋斗和付出。“不要命”反映了他为了国家和民族大义，敢于舍生忘死的英勇无畏精神。在民族危亡之际，把自己的生命完全奉献给了抗击外敌、保卫祖国的伟大事业。

许晓轩

《红岩》中许云峰、齐晓轩的原型之一。他在狱中始终坚守对党的忠诚，面对敌人的严刑拷打和威逼利诱，坚贞不屈，顽强斗争，展现出了共产党人的高尚气节和坚定信仰。他在狱中还写下了许多充满革命斗志和对未来充满希望的文字，激励着无数人为了革命事业奋斗到底。1949 年 11 月 27 日，国民党制造了震惊中外的“11·27”大屠杀。临刑前，许晓轩高举双手，向每间牢房的战友道别：“请转告党，我做到了党教导我的一切。在生命的最后几分钟，仍将这样……”铮铮誓言今犹在，许晓轩从容就义时年仅 33 岁。

1949 年 12 月 25 日，从白公馆监狱脱险的革命志士罗广斌代表遇难烈士，向中共重庆市委呈上《关于重庆组织破坏经过和狱中情形的报告》，其中第七部分“狱中意见”，记述了许晓轩等狱中党员和革命者，在生命的最后时刻对党组织倾诉的肺腑之言。2018 年，全国两会期间，习近平总书记在参加重庆代表团审议时，将“狱

许晓轩塑像

中八条”一一读了出来，充分肯定了其对于全面从严治党的现实意义。2019 年 4 月，习近平总书记在重庆考察工作结束时指出：“要运用这些红色资源，教育引导广大党员、干部坚定理想信念，养成浩然正气。”

一个人如果没有信仰就等于没有了灵魂。重温“狱中八条”，可以以史鉴今、资政育人。“狱中八条”一针见血地指出了一个政党的政治建设、思想建设、组织建设、作风建设是多么重要，一个共产党人的政治品格、理想信念、组织纪律、道德情操是多么重要。

浩气长存

2022 年，扬州革命烈士陵园成为扬州市首批廉洁文化基地。

革命烈士们为了国家独立、民族解放和人民幸福，不惜抛头颅、洒热血，展现出了坚定的共产主义信念和无私奉献的大无畏精神。人们在参观烈士陵园、了解烈士事迹的过程中，深刻感受到革命先辈们对党的忠诚和对理想信念的坚守，无不树立起廉洁光荣、腐败可耻的观念，从心底里崇尚廉洁，自觉抵制各种腐败思想和行为的侵蚀。

如今，扬州革命烈士陵园每年累计接待群众达四十余万人次，已成为扬州重要的廉洁文化阵地。烈士们的英勇事迹和高尚品质，时时提醒着党员干部不能辜负革命先辈们用生命换来的幸福生活，成为党员干部坚守廉洁底线的强大动力。

贴心向导

地址：扬州市邗江区平山堂东路 6 号

开放时间：8:30—11:30　14:00—17:00（周一闭馆）

电话：0514-87340703

（撰稿人：马凌、黄蓉）

清风润泽在荷乡——周恩来少年读书处

踏着宝应县古城区县南街的青石板路前行，片刻工夫便来到水巷口 3 号，一处大门朝北、青砖灰瓦的建筑映入眼帘，整个建筑为明清风格，占地 700 平方米，建筑面积 500 平方米，共有房屋 18 间，这就是周恩来少年读书处。读书处大门朝北，北楼古朴庄重，门楣上方是全国人大常委会原副委员长彭冲亲笔题写的“周恩来少年读书处”横匾。

仰望庭院中手拿书本的少年周恩来塑像，恍惚间能听到当年“为中华崛起而读书”的琅琅书声。漫步其间，每一步都仿佛能穿越回那个风雨飘摇而又充满希望的年代，感受着那份跨越时空的力量。

这里不仅是周恩来总理少年时期的重要生活与学习之地，更是激励广大青少年为中华崛起发奋读书、传播廉洁文化和革命精神的重要阵地；作为江苏省重点文物保护单位，不仅承载着周恩来总理少年时期的成长足迹，更见证了他廉洁品质的初步形成与坚定信念的确立。

馆内“为中华之崛起而读书”主题展览，分为“家道中落幼小厉励”“母教濡染浸润童年”“塾馆笃学良师明志”“博大胸怀深切乡情”四个部分，通过丰富的图文资料和实物展示，系统介绍了周恩来的成长历程、家庭背景，生动展现了周恩来与其嗣母陈氏、表哥陈式周之间的深厚情谊，以及对宝应故乡的眷念之情。

少年周恩来铜像

母教濡染

周恩来的幼年集三位母亲的爱于一身，一是生母，二是嗣母，还有一位是乳母，这三位母亲的爱不但使少年周恩来得到了良好的启蒙，还使他的身心得到了浸润。生母万氏，大家闺秀，豁达开朗，办事精明干练，识大体、顾大局，善调解矛盾纠纷。幼年周恩来耳濡目染，学到许多协调关系、化解矛盾的方法。嗣母陈氏因年轻守寡，深居简出，把全部感情和心血都倾注在他的抚养和教育上，教他认方块字，背唐诗宋词，给他讲故事，引导他从梁红玉、文天祥、岳飞、关天培等故事中接受爱国主义、品行节操等方面的教益和启迪。乳母蒋江氏家境贫寒，为人正直，心地善良，经常教周恩来种瓜种菜，用自己的言行向他传输了劳动人民勤劳善良、诚实朴素的优秀品质，教会了他许多书本上学不到的农家知识，增加了春种秋收的感性认识。

东院周恩来和嗣母陈氏回宝应探亲时的卧室

好家风代代相传，这三位母亲将周氏家训中“诚”“忍”“俭”三种品德融进周恩来的少年人生，特别是嗣母陈氏教育他从小便懂得“忍”，这让年幼的周恩来受益终身。周恩来曾说自己好静的性格就传自于她。

良师益友

在宝应期间，周恩来与长他 16 岁的表哥、进步青年、知识分子陈式周同窗共读，结下深厚情谊。

陈式周，号逸石，晚清秀才，毕业于通州（今南通）师范。知识渊博，思想进步，曾经任《申报》编辑。在宝应期间，陈式周不仅在生活上给予周恩来无微不至的关怀和照顾，更在学业和思想上予以引导，向天资聪慧的周恩来传授新知识，灌输新思想，勉励他发奋进取，关注国家大事，从小培养爱国情怀，立志成为国家栋梁。周恩来阅读了陈家书屋大量书籍，并多次与表哥探讨人生理想。展柜里陈列着周恩来在陈式周书房读过的书。

短短三个月，使少年周恩来呼吸到了新鲜的空气，受到了进步思想的熏陶，文化、思想上都得到了最初的启蒙。临别前一天晚上，两人长谈到深夜，留下了人生中最美好的记忆。陈式周在上海任《申报》编辑之时，周恩来从天津寄到上海发表的文章，多是由陈式周联系转送的。1920 年 11 月，为赴法国勤工俭学，周恩来由天津来到上海。表兄弟二人则有了分别多年的一见，重逢在新闸路永泰里陈式周的寓所里。

到周恩来赴法国勤工俭学期间，两人还书信往来不断。陈式周经常向周恩来介绍国内外形势，鼓励他要坚定理想信念。这种跨越空间的关怀与引导，对周恩来的成长产生了潜移默化的影响。从中

书房中表兄弟俩促膝谈心

可以探寻和体会中国共产党人的初心：对信仰的追寻，一旦作出抉择，就要奉行终生。

红色地标

在宝应的周恩来少年读书处，既有“大鸾”曾经踏过的门槛，又有“翔宇”曾经踩过的青砖，更有伟人小时候读书留下的印记。虽然周恩来在宝应只有短短三个月时间，但这段时间，却为他日后的成长和革命生涯奠定了坚实的基础。中华人民共和国成立后，周恩来多次向身边工作人员回忆起少年时代在宝应学习生活以及嗣母陈氏教他读书识字的那段美好时光。

周恩来少年读书处是目前扬州唯一一处周恩来总理纪念地，也是扬州市爱国主义教育基地、廉洁文化基地和党史教育基地。如今这里已成为广大党员干部立家规、正家风，增强理想信念、廉洁意识和行动自觉的重要场所。人们来到这里，在缅怀伟人丰功伟绩的同时，学习他矢志不渝的理想信念，学习他清廉为民的革命本色和艰苦奋斗的优良作风，学习他心底无私、天下为公的高尚品质。

贴心向导

地址：扬州市宝应县水巷口 3 号

开放时间：8:30—11:00　15:00—17:30（每周二闭馆，节假日不休）

电话：0514-88281224

（撰稿人：倪学萍）

秋山红叶走征途——江上青烈士史料陈列馆

江上青烈士史料陈列馆，位于扬州市广陵区旌忠巷33号（平民中学原址），是一座坐北朝南、中西合璧的两层建筑。平民中学始建于20世纪30年代，由教育界等地方人士捐资创办，江上青曾经在这里担任国文教员，教书育人，传播革命真理。江上青烈士史料陈列馆以图文并茂的方式全面回顾了江上青烈士的生平，展示了他在教书育人、抗日救亡、建立统一战线等方面的感人事迹。

江上青烈士史料陈列馆大门

投身革命 矢志不渝

江上青，原名江世侯，1911年4月10日出生在江都县仙女庙一个中医世家。他成长的岁月正是中国发生一系列重大变革的时代，时代大潮的涌动赋予了江上青探寻革命真理的重任。

1927年，扬州军阀混战，

江上青前往南通，考入南通中学高中部，并结识了进步青年顾民元和共产党员刘瑞龙，他们经常在顾民元家中阅读进步书刊，探求救国救民的方法。同年 11 月，江上青加入中国共产主义青年团。年仅 16 岁的江上青，从此走上了革命道路。

1928 年 9 月，江上青转学回到扬州中学高中部读书。回到扬州后，他寻求革命真理，组织革命活动，积极地投身于地下党领导的学生运动，张贴标语、散发传单、发表演讲，宣传救国救民的革命道理，引起反动当局的注意，于当年12月被捕入狱，后于1929年5月获释。

1929 年秋，江上青进入上海艺术大学学习。8 月，他的团组织关系转入上海艺大，并直接转为中国共产党党员。10 月，担任上海艺大党支部书记。在此期间，江上青结识了“左联”进步作家郁达夫、蒋光慈等人，在他们的影响下创作了许多革命诗篇。

1929 年 12 月，江上青被反动当局逮捕，关押在上海提篮桥监狱，后转至苏州第三监狱。他在监狱中写下了《心脏底拥抱》《缝衣人》等诗篇。《饿是武器》是其中一首，该诗反映了提篮桥监狱的难友们为抗议监狱当局虐待犯人而进行的绝食斗争，表达了作者和广大难友们不屈不挠、不获胜利决不罢休的顽强意志。1930 年冬，江上青获释出狱。后被党组织安排到上海暨南大学社会学系学习，并继续从事秘密学运工作。

教书育人　播撒火种

1932 年春至 1937 年夏期间，江上青先后到扬州淮南职业中学、江苏省仪征县十二圩中学、东海民众教育馆、扬州平民中学任教，一

《写作与阅读》杂志

边教书育人，一边开展革命工作。1936 年 11 月，他和于在春、王石城、顾民元等人发起创办《写作与阅读》杂志。江上青既是杂志的主要撰稿人，又是杂志的编辑及发行人。这份杂志对推动教学改革、启迪青少年爱国热情，产生了很大影响。

千里救亡　唤起民众

1937 年 7 月 7 日，日军制造卢沟桥事变，发动全面侵华战争。8 月，由江上青和陈素等人发起组织的“江都县文化界救亡协会”成立。

同年 11 月，在江上青的积极倡议下，江都县文化界救亡协会流动宣传团（简称“江文团”）成立了。11 月 22 日，“江文团”从扬州出发，辗转 4 省 17 县，行程 1000 多千米，他们沿途采取演讲、唱歌、演戏剧、绘画、办壁报等形式，控诉日军罪行，宣传抗日救亡。1938 年初，“江文团”全体团员到达安徽省政府临时所在地六安。此时，“江文团”与中共中央长江局接上了组织关系。

1938年4月，根据党组织安排，“江文团”集体参加了李宗仁部第五战区第十一集团军，并以第十一集团军总政训处“救亡工作团第二组”名义，开展抗日救亡宣传工作。“第二组”由卞璟任组长，江上青任副组长，后因工作需要，江上青被调回安徽，在中共安徽省工委负责人张劲夫等人领导下工作。

“江文团”部分成员照片

开辟根据地　血洒皖东北

1938年秋，中共安徽省工委决定成立秘密的中共皖东北特别支部，任命江上青为支部书记，并派他前往皖东北，建立抗日统一战线，开辟皖东北抗日民主根据地。江上青到达皖东北后，积极协助国民党安徽省第六行政区专员兼保安司令盛子瑾抗击日军，并逐步得到了盛子瑾的信任和重用，从而开辟了皖东北地区抗日救亡的新局面。

1939年春，中共皖东北特委正式组建。中共皖东北特委的组建，进一步加强了与盛子瑾的合作。同年5月，苏皖区党委成立，皖东北地区党的领导得到了统一。在江上青的积极筹划下，皖东北地区的抗日武装力量得到迅速发展。江上青先后为党领导的宿东和灵璧的地方武装取得了“六抗”第三支队和特务支队的番号。1939 年初，泗县所辖五个区政权中，有四个区的区长是由江上青所推荐的共产党员担任的。泗县的县、区、乡政权都秘密掌控在共产党员手中。

江上青十分重视对民众的抗日宣传、动员。他发动从安徽省动员委员会和大后方来的皖动八团、抗演六队等组织，吸收了盛子瑾部 100 余名官兵和地方青年参加，开展抗日救亡宣传教育活动。与此同时，江上青还创办了《皖东北日报》。报刊的发行大大鼓舞和提高了皖东北民众抗日救国的士气，对于动员、教育和吸引广大青年走出家门，投入抗日救亡，起到了积极的作用。为了更好地培养军政人才，1938 年底，江上青创办了皖东北军政干校并兼任副校长主持日常工作。干校先后培育出 600 多名青年干部。

1939 年 7 月，在江上青的推动下，八路军、新四军代表张爱萍、刘玉柱进入皖东北，与盛子瑾会谈，达成了合作抗战的协议。不久，八路军、新四军皖东北办事处在张塘正式设立，皖东北地区抗日民族统一战线的政治局面由此打开。1939 年 8 月 26 日，由张爱萍主持，盛子瑾与国民党顽固派许志远在灵璧县北张大路会谈，江上青陪同盛子瑾赴会。8 月 29 日傍晚，返回途中，至泗县小湾村，遭遇反动地主武装伏击，江上青身中数弹，以身殉国。江上青遗体被抛入河中，随着河流飘至崔集村，当地百姓感念他的贡献，将他就地安葬。后由于行政区域划分，归属于江苏泗洪县。1982 年，江上青烈士迁葬至泗洪县烈士陵园。

浩气长存　缅怀永远

江上青烈士是党和人民优秀儿女的杰出代表，是革命知识分子的楷模，是广大共产党员的光辉榜样。他的一生，是追求真理、献身革命的一生，是忠诚于党、热爱人民的一生，是不畏艰险、英勇战斗的一生。江上青烈士在艰苦的革命斗争环境中，始终坚定共产主义信仰，为了民族独立和人民解放事业不懈奋斗。这种坚定的信念为参观者树立了崇高的精神榜样，让人们深刻认识到理想信念的力量。

如今，江上青烈士史料陈列馆年均接待量约 15 万人次，通过实地参观、讲解互动、主题演讲等形式，让党员干部了解江上青烈士的生平事迹和革命精神。人民没有忘记这位江东才俊，在中华人民共和国成立 60 周年之际，江上青烈士入选“100 位为新中国成立作出突出贡献的英雄模范人物”。他的音容笑貌，永远留在后人心中，就像由他作词的“江文团”团歌“我们爬过一重山，又是一重山，越过一条河，又是一条河……我们踏着坚实的步，唱着救亡的歌……”，永远激励着人们。

贴心向导

地址：扬州市广陵区旌忠巷 33 号

开放时间：8：30—11：30　14：00—17：00（周一闭馆）

电话：0514－87349639

（撰稿人：马凌、黄蓉）

砥柱中流非等闲——曹起溍故居

历史沿革

扬州早期党组织创始人之一、中共扬州第一任县委书记曹起溍的故居位于扬州市广陵区东关街338号。故居西邻逸圃，东近个园，南隔东关街，是曹起溍烈士出生和成长的场所。

曹起溍故居主体为晚清四合院传统民居，砖木结构，坐北朝南，南向四间，有东、西厢房各一间，天井一方。

故居正厅悬挂着一副曹起溍手书对联“凭栏听鸟语；隔院送花

曹起溍故居大门

香”，意指东邻个园，西接逸圃，四季鸟语花香。正厅堂前的长案桌上，东侧是一个花瓶，西侧是一面镜子，中间是一座时鸣钟，寓意“东瓶（平）西镜（静），终（钟）生平（瓶）静（镜）”。东屋为曹起溍父母的卧室，西屋是曹起溍的卧室，墙上悬挂着一张结婚照，照片上的青年英姿勃发，穿着婚纱的女子端庄美丽，那是1928年4月，22岁的曹起溍与妻子朱娴成婚时所摄。

故居南进是曹起溍烈士生平事迹陈列馆，用“追寻真理、投身革命”“建立组织、唤起工农”“狱中斗争、英勇就义”“浩气长存、英名永驻”四个版块，展示烈士生平事迹，弘扬烈士不朽精神。

铁血忠魂

曹起溍作为中国共产党扬州早期组织的领导人，一生充满着对革命事业的忠诚和奉献。他1906年3月出生于扬州，少年时代曾就读于扬州市安徽旅扬小学、省立第五师范附属小学，1922年考入上海南洋大学（上海交通大学前身）附中，后因父亲失业，家境困窘，回扬州进入江苏省立第八中学学习。在这期间，曹起溍受进步教师影响，逐步觉悟到要改造旧中国，唯有革命，别无他途。

曹起溍肖像

1925年5月，中共党员、共青团中央候补执行委员、著名政治活动家恽代英来到扬州宣传革命思想。在省立八中读书的曹起溍深受启发和教育,毅然加入了当时处于秘密状态的国民党左派组织。不久,上海发生五卅惨案,曹起溍等一批青年学生成立了五卅后援会和扬州学生联合会,上街演讲,发起募捐。

1927 年,正当扬州革命形势空前高涨之时,四一二反革命政变爆发,国民党对共产党员和革命人士大肆屠杀。这一年,曹起溍高中毕业,考进上海南洋公学,但他考虑到革命需要,毅然放弃读书的机会,全身心投入革命事业。父亲说:“全国这么多人,你何必这样傻!”他却说:“但愿多出几个这样的傻子,人民就有救了。”1927 年 9 月,扬州第一个中共党组织——中共扬州独立支部成立,曹起溍担任组织干事。1928 年 8 月,中共扬州临时县委成立,9 月改为正式县委,曹起溍均任书记。1928 年 9 月,扬州特委成立;10 月,特委决定撤销扬州县委,由特委兼扬州县委,曹起溍改任扬州城区区委书记;11 月,又被特委任命为扬州东乡特派员。

曹起溍经常深入城乡,到工人、农民中去,宣传革命道理,培养和发展进步力量,推动工农运动开展。1929 年 4 月,由于在扬州身份暴露,曹起溍受中共江苏省委委派,化名陈君豪,前往泰县开展革命活动。5 月,中共泰县临时县委成立,曹起溍任县委书记,县委机关驻地北阮巷 10 号。8 月 16 日,在泰县与省委交通员接头时不幸被捕。

曹起溍被捕后,先被关押在泰县,后转入苏州国民党江苏省第三监狱。1930 年 12 月,敌人以“意图煽动暴动”的罪名,将曹起溍等 30 余人转解到镇江的国民党江苏省军法会审处。在狱中,他团结难友开展绝食斗争、策划暴动、组织越狱,敌人对他恨之入骨。

1931 年 2 月 24 日，曹起溍等一批共产党人被国民党反动派枪杀于镇江北固山下。临刑前，曹起溍大义凛然地说：“杀了我一个，将有千万个和我一样的人走上革命道路。”随后高呼口号，慷慨就义，年仅 25 岁。

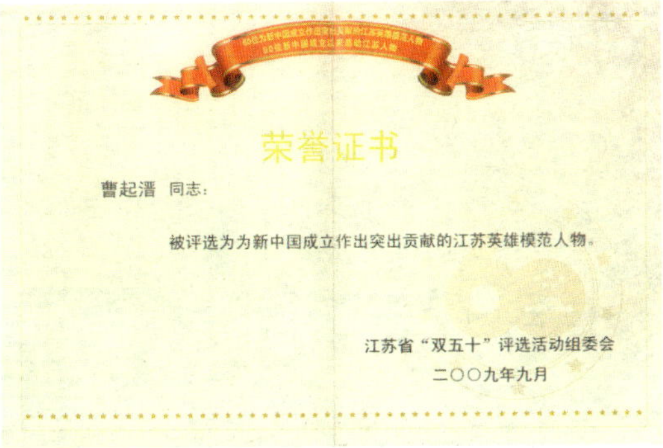

2009 年，曹起溍入选“50 位为新中国成立作出突出贡献的江苏英雄模范人物”

“秋风飒飒雨丝丝，狐作人言鬼唱诗。明日天兵显神勇，妖氛一扫而空之。”曹起溍的生死诤言回荡在北固山下。直到牺牲，他也没有暴露自己的真实身份，保护了扬泰地区党组织的安全。

曹起溍烈士短暂而壮烈的一生，展现了他坚定的共产主义信念和为人民解放英勇献身的革命精神。曹起溍烈士的英勇事迹和革命精神，已永载史册。

家国永续

曹起溍故居占地面积约 300 平方米，内设烈士生平事迹陈列馆，展出物品有 30 多件，包括展柜、展板、旧家具等。1996 年 8 月，扬州市政府将故居定为市级文物保护单位。2008 年 7 月，扬州市委、市政府决定修复曹起溍烈士故居，建立烈士生平事迹陈列馆。2009 年 10 月，故居对外开放，现为扬州市爱国主义教育基地、廉洁文化

故居内曹起溍烈士铜像

基地和党史教育基地，是扬州市进行革命传统教育和爱国主义教育的重要场所，也是红色旅游的绝佳之地。

曹起溍坚定的共产主义信仰和英勇无畏的牺牲精神为后世留下了宝贵的精神财富，激励着广大干部群众在新时代奋勇前行。近三年来，故居接待游客数量达 8 万余人次，接待党政机关开展廉政教育、红色文化教育活动 2000 批次。

沧桑百载乾坤改，赤胆忠魂耀初心。曹起溍烈士对党忠诚的坚定信念、一心为民的炽热情怀、忠贞不屈的革命气节跨越时空、历久弥新、生生不息，激励后人不忘初心、牢记使命，阔步迈向中华民族伟大复兴的新征程。

贴心向导

地址：扬州市广陵区东关街 338 号

开放时间：周二至周日 9：00—11：30　14：30—17：00

电话：0514-87826059

（撰稿人：高忠林）

血泪嘱托 “狱中八条”——许晓轩烈士故居

许晓轩烈士故居，位于扬州市江都区仙女镇龙川步行街，建于民国时期，是许晓轩青少年时期的生活场所。故居是前后三进四厢的民宅，青砖小瓦，古朴庄重，正门上方的匾额“许晓轩故居”由国防部原部长张爱萍将军题写。1997 年 9 月 28 日，许晓轩烈士故居正式对外开放。已接待参观学习者 150 余万人，先后成为东南大学、扬州大学、江苏省江都中学等 18 家单位的德育基地。许晓轩烈士故居现为省级爱国主义教育基地、省级党史教育基地、扬州市廉洁文化基地。

许晓轩（1916—1949），学名永安，字小轩，出生于扬州市江都区仙女镇（旧名江都县仙女庙）。1938 年 5 月，加入中国共产党。1939 年春，他担任中共川东特委青委宣传部部长。1940 年春，他调任中共重庆新市区区委委员（一说是区委书记）；同年 4 月，因叛徒出卖不幸被捕入狱，辗转关押于重庆军统局望龙门看守所、贵州息烽集中营、重庆白公馆监狱。1949 年 11 月 27 日大屠杀时，慷慨就义，牺牲时年仅 33 岁。许晓轩是著名长篇小说《红岩》中许云峰、齐晓轩的生活原型之一。2009 年 9 月，许晓轩入选“50 位为新中国成立作出突出贡献的江苏英雄模范人物”。

许晓轩烈士故居外景

许晓轩烈士故居内景

“狱中八条”

1949 年 11 月 27 日，重庆解放前三天，关押在渣滓洞、白公馆监狱的绝大多数革命志士被国民党特务残忍屠杀。烈士们在牺牲前留下了一份用血的教训凝结成的血泪嘱托。从大屠杀中侥幸脱险的罗广斌，怀着无比悲愤的心情，追忆狱中同志们的分析、总结和建议，用 28 天时间写出《关于重庆组织破坏经过和狱中情形的报告》，交给党组织。

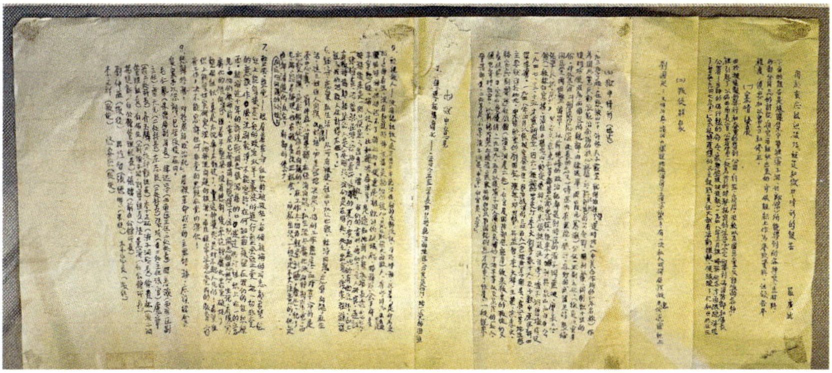

《关于重庆组织破坏经过和狱中情形的报告》

这份报告的第七部分“狱中意见”，是该报告的核心所在，特将第七部分提炼为“狱中八条”，内容如下：（一）防止领导成员腐化；（二）加强党内教育和实际斗争的锻炼；（三）不要理想主义，对上级也不要迷信；（四）注意路线问题，不要从右跳到左；（五）切勿轻视敌人；（六）重视党员特别是领导干部经济、恋爱和生活作风问题；（七）严格进行整党整风；（八）惩办叛徒、特务。

“狱中八条”公开报道以后，引发了社会的广泛关注。可以说，每一条，都是烈士们用鲜血和生命换来的总结和教训。许晓轩在其中起到的作用从史实中可窥一斑。

重庆渣滓洞和白公馆监狱，是国民党特务专门用来关押政治犯的地方，许晓轩在狱中进行了坚决的斗争。在白公馆监狱，他与谭沈明、韩子栋3人组建了临时党支部，并担任支部书记。每当危险时，许晓轩就鼓励大家："越是关键的时刻，我们越要叫敌人知道，共产党人是不可动摇的。"1949 年 10 月 1 日，中华人民共和国成立的消息让关押在这里的近 200 名共产党员兴奋不已，但敌人也开始了最后的疯狂。此时，在狱中关押了近 10 年的许晓轩觉得不能再等待下去了，他说："死，也要死得其所。"

许晓轩在被捕前就已经发现"个别同志的思想、生活，有脱党腐化现象，却难以着手整风，没有想到后来这种腐化甚至破坏了整个组织，真是太沉痛、太难过了。这种损失是对不起人民的！希望组织上能够切实研究，深入地发现问题的根源，而且经常注意党的教育，实查工作，决不能允许任何非党的思想在党内潜伏"。

"希望组织上能够切实深入研究，深入发现问题的根源。经常整党、整风，清除非无产阶级意识和作风，保持党的纯洁性。"这也是许晓轩对党作出的临终忠言。许晓轩提议一出，以前狱中小范围的议论立刻汇集成一种非常强烈的声音。《红岩》小说的作者之一罗广斌，也参与了狱中讨论。参加讨论的还有江竹筠、陈然、刘国鋕、王朴等人。可以看出，"狱中八条"凝聚了烈士们的经验和教训，充满了对党的感情和希望，承担了对党的责任和担当。

1949 年 11 月 27 日，解放军的隆隆炮声已在重庆城外响起，蒋介石下令对狱中的革命者进行血腥屠杀。在临刑前，许晓轩高举双手，向每间牢房的战友道别。许晓轩对罗广斌嘱咐道：“请转告党，我做到了党教导我的一切。在生命的最后几分钟，仍将这样……”这句话充分证明了一个纯粹的共产党人，是怎样用生命践行自己的入党初心，用行动实现自己的入党誓词。

许晓轩烈士殉难处

血泪嘱托

“狱中八条”作为革命先烈临终前留下的血泪嘱托，是一份宝贵的党史资料、厚重的党性教材、沉甸甸的政治遗嘱，对每一名党员坚定理想信念、牢记初心使命有着极为重要的启示意义。2018 年全国两会期间，习近平总书记在参加重庆代表团审议时，将“狱中八条”一一读了出来。“狱中八条”发人深思，促人深省，是值得传承发扬的红色资源。

烈士遗志，“狱中八条”，言犹在耳，警钟长鸣。许晓轩虽然离我们而去，但他的浩然正气长留于中华大地。我们学习许晓轩，就要像许晓轩一样，做到“党教导我的一切”，在党言党、在党忧党、在党为党，听党话，跟党走；就要像许晓轩一样，严以修身、严以律己，做一个清正廉洁的党员干部；就要像许晓轩一样，有铁一般信仰、铁一般信念、铁一般纪律、铁一般担当。

贴心向导

地址：扬州市江都区仙女镇龙川街 46 号

开放时间：周一至周五 9：00—11：30　14：30—17：00

电话：0514－86550963

（撰稿人：周海培、王晓媛）

人生没有回头路——扬州市警示教育基地

扬州市警示教育基地位于扬州市邗江区宁海线监庄公园东侧约 30 米。基地于 2020 年 12 月 8 日迁建完成，总建筑面积 1169 平方米，共设 6 个展厅、1 个报告厅和 1 个会议室。基地用大量鲜活的身边案例，剖析违纪之害、违法之害，不仅是以案释纪、以案释法的重要载体，也是常态化开展党纪学习教育的重要阵地。

走进教育基地，依次是序厅、强音 · 全面从严、重拳 · 正风反腐、唤醒 · 明案鉴心、笃行 · 行稳致远以及尾厅六个部分。一幅幅警示图

扬州市警示教育基地正门

片，一件件腐败案例，一句句廉政箴言，直达党员们的内心深处，让党员思想受洗礼、灵魂受触动、精神受鼓舞。参观活动尾声，全体党员干部重温入党誓词，不忘初心、牢记使命，立志以实际行动践诺履责。

序厅左侧为漆画《运河清风图》，图中呈现的是“三塔映三湾”，尽显扬州“好地方”的人文之美、创造之新。序厅正前方的环形大屏幕，依次展示的是文昌阁、五亭桥等扬州标志性建筑。三声钟响与顶部篆书书写的“警钟长鸣”四个大字相呼应，警示参观者们要时刻知敬畏、存戒惧、守底线、常警醒。

展厅第一篇章的主题是“强音 · 全面从严”，重点展现党的十八大特别是二十大以来，关于全面从严治党、推进党的自我革命的重要论述、重大实践和重要成就。党的十八大以来，以习近平同志为核心的党中央把全面从严治党纳入“四个全面”战略布局，以前所未有的勇气和定力推进党风廉政建设和反腐败斗争，探索出了依靠党的自我革命跳出历史周期率的成功路径。习近平总书记关于党的自我革命的重要思想，科学回答了我们党为什么要自我革命、为什么能自我革命、怎样推进自我革命等重大问题，指引百年大党开辟了自我革命的新境界，为新时代新征程深入推进党的自我革命提供了根本遵循和行动指南。

第二篇章“重拳 · 正风反腐”，介绍了近年来我市深入推进党风廉政建设和反腐败斗争的成效做法，特别是充分利用近年来查处的典型案例，介绍了党员干部违纪违法的典型问题。相关案例包括违反中央八项规定精神、“四风”领域，违反党的“六大纪律”、“关键少数”和重点领域，群众身边的腐败和不正作风以及“小官巨贪”等方

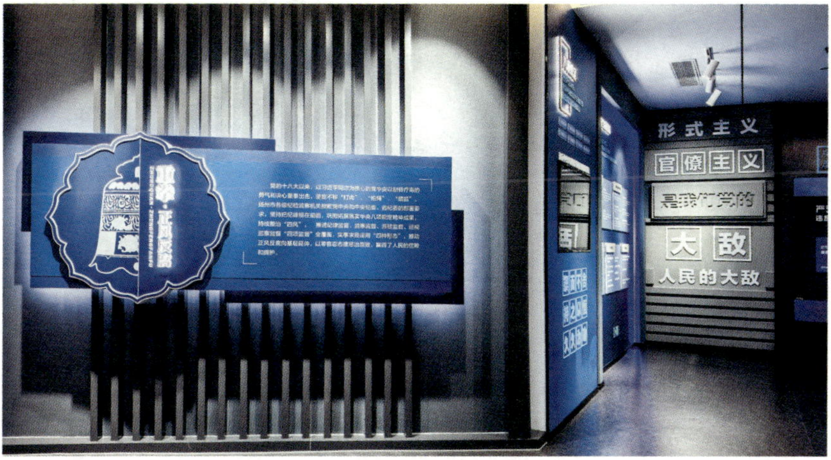

扬州市警示教育基地内部展陈(一)

面的典型案例。案例是最好的“教科书”,也是最好的“清醒剂”。扬州各级纪检监察机关持续加强警示教育,把典型案例作为最好的活教材,注重用“身边事”警醒“身边人”,用“案中人”点醒“梦中人”,教育引导党员干部常敲思想警钟、常紧纪律之弦、常存敬畏之心。

警示教育的关键,在于通过一个个的个案,总结其行为特点,剖析其思想演变,找到其问题根源,引导广大党员干部以案为鉴、以案自省、以案自警。展厅的第三篇章“唤醒·明案鉴心”,通过剖析攀比、侥幸、天花板、补偿等四种心理,总结了涉贪涉腐党员干部的主观原因;从权力过度集中、制度存在漏洞、监督制约不力、主体责任缺位等四个方面,分析了违纪违法行为发生的外部原因。

为增加警示教育的互动性,展厅第三篇章设置了一条“过六关”的长廊通道。参观者可以从未能闯过权力关、金钱关、亲情关、交友关、小节关、嗜好关的腐败分子身上汲取深刻教训。长廊尽头,是模

扬州市警示教育基地内部展陈(二)

拟看守所设置的教育场景“一念间、两天地”，让参观者充分认识自由的可贵、家庭的可贵。参观至此，每名参观者都会停下脚步，算一算人生“七笔账”(政治账、经济账、名誉账、家庭账、亲情账、自由账、健康账)。在该篇章的“忏悔区”板块，设置了忏悔墙，展示的是被查处的党员干部和公职人员亲笔撰写的忏悔书。第三篇章尾声，是积极主动投案、争取宽大处理的典型案例。

一体推进不敢腐、不能腐、不想腐，是新时代全面从严治党的重要方略。展厅的第四篇章“笃行·行稳致远”，详细展示了扬州市纪检监察机关在省纪委监委和市委的坚强领导下，积极探索“三不腐”贯通融合的实现途径、有效载体和具体办法。在“不敢腐”上持续加压，保持零容忍震慑不变，紧盯重点问题、重点领域、重点对象、新型腐败和隐性腐败，更加有力地遏制腐败增量，更加有效地清除腐败存量。在“不能腐”上深化拓展，构建基于江苏实践的监督体系，推动“九大监督”贯通融合；在“不想腐”上巩固提升，深入挖掘、利用扬州文化中的廉洁元素，打造新时代廉洁文化建设高地。

“严管就是厚爱，严管为了厚爱。”尾厅部分介绍了纪检监察机关通过精准运用“四种形态”，落实“三个区别开来”，及时为被诬告干部澄清证明等手段，为担当者担当、为负责者负责、为干事者撑腰的有力作为。

全面从严治党是我们党一以贯之的鲜明立场，廉洁从政是党员领导干部必备的政治涵养。基地迁址建成开放以来，已成为扬州市纵深推进全面从严治党，一体推进不敢腐、不能腐、不想腐，认真做好以案促教“第三篇文章”的重要阵地。

心中有戒尺，行动才能得到校准。身边的案例、严肃的惩处、痛彻的忏悔……一次次发人深省的警示教育，带给广大党员干部的，是内心深处的强烈触动，引导他们自觉抵制腐朽思想的侵蚀，将纪律规矩内化于心，始终保持忠诚、干净、担当的政治本色。

殷鉴不远，纪律红线时刻绷紧；警钟长鸣，深刻教训犹在眼前。2020 年底以来，基地已累计接待了中纪委督导组以及江苏、浙江、宁夏等地 6 万人次，获得参观考察者的充分肯定。

贴心向导

地址：扬州市邗江区宁海线监庄公园东侧

开放时间：周一至周五 9：00—11：30　14：00—17：30

电话：0514－87860070　0514－87860071

（撰稿人：唐兴）

奋斗历程专线

回望奋斗路　心系家国情

——扬州航空馆暨生态科技新城廉洁教育专线

扬州市生态科技新城成立于 2013 年 12 月，是扬州最年轻的新兴板块，地处江广融合地带。建区以来，生态科技新城一直致力建设扬州生态中心、交通中心、科创中心、新城市中心“四个中心”，持续擦亮扬州科技创新、产业建设、生态环境“三张名片”。

2024 年 6 月 29 日上午，生态科技新城举办了廉洁教育专线开通暨家风课堂观摩活动，生态科技新城廉洁教育主题馆（航空馆）自此揭牌，生态科技新城廉洁教育专线正式开通。廉洁教育专线，由“中国共产党人的家风”档案展生态科技新城巡展、中国共产党在扬州历史展、扬州市江广融合区成果展示馆以及扬州航空馆 4 家廉洁教育主题馆共同组成，为廉洁新城建设提供了重要支撑。

扬州航空馆

扬州航空馆，作为中国首座航空文化综合体，不仅是一座集航空文化、展览展示、科普体验、研学教育与旅游于一体的文化综合体项目，还兼具爱国主义教育和廉洁教育的重要功能。其主体建筑以江苏非物质文化遗产“扬州灯彩”为设计灵感，展馆面积达 6000 平方米，全馆覆盖智能互动体验系统，于 2020 年 9 月 21 日正式建成开馆。

航空馆外观

走进扬州航空馆，可见航空科技文化馆与航空科幻体验馆两大场馆。其中，航空科技文化馆定位博物收藏与科技展示，涵盖序厅、中国航空“第一”展、中国航空发展史、航空探秘、中国航空名人堂等五大展区。20余架中国航空史上具有里程碑意义的飞机模型陈列于此，生动全面展示了中国航空事业的蓬勃发展和航空科技蕴藏的磅礴力量。中国航空，从无到有，从购买到模仿，从模仿到引进，再到自主创新的道路，生动展示了中国航空人“筚路蓝缕，以启山林”的开拓精神，有力凸显了中华民族屹立于世界民族之林的精神力量。

中国航空与扬州颇有渊源。航空馆入口处展示的一架名为“820号”飞机，就是从扬州起义，飞向延安，成为八路军拥有的第一架飞机。1945年8月20日，汪伪空军少校飞行教官周致和（起义后改名蔡云翔），少尉飞行员黄哲夫（起义后改名于飞）、赵乃强（起义后改名张华）、管序东（起义后改名顾青），空勤机械士沈时槐（起义后改名陈明秋）、黄文星（起义后改名田杰）6 人，从扬州驾驶一架日制立川“九九”式双发单翼运输机飞抵延安，成为最早驾机投入人民革命队伍的起义人员。

科幻体验馆由航空文创、战勇军事体能训练营、航模实验室、5D 影院、飞行模拟体验、室内无人机竞技区等组成，以寓教于乐的方式，让游客身临其境感受航空科普教育与科幻体验。

吴大观精神

扬州航空馆内的“吴大观主题展”尤为引人注目。该展览展示了“中国航空发动机之父”吴大观献身中国航空事业的伟大一生和瞩目成就，激励党员干部学习他爱岗敬业、廉洁奉公的崇高精神。

吴大观主题展

吴大观（1916—2009），江苏扬州人，中共党员，曾任原航空工业部科技委员会常委。吴大观 1942 年毕业于西南联大，后到美国莱康明发动机厂和普惠公司学习深造。1947 年 3 月，他拒绝了美国有关单

吴大观雕像

位的高薪聘请，毅然回来报效祖国。1949 年 11 月，他任重工业部航空筹备组组长，参与了新中国航空工业的筹建，是我国航空发动机事业的奠基人和创始人。

吴大观的奋斗历程，与新中国航空发动机事业的许多个“第一”紧密相连：组建新中国第一个航空发动机设计机构，领导研制我国第一个喷气发动机型号，创建我国航空史上第一个发动机试验基地，主持建立航空发动机研制第一套有效的规章制度，建立起新中国第一支航空动力设计研制队伍，主持编制我国第一部航空发动机研制通用规范，被誉为“中国航空发动机之父”。吴大观对党忠诚，从 1963 年开始，他每月多交 100 元党费；从 1994 年开始，他每年向组织继续多交党费 4000—5000 元。此外，还为“希望工程”等捐款 9 万多元。在生命最后的日子里，他在病床上叮嘱家人拿出 10 万元积蓄交纳最后一笔党费。

扬州航空馆深厚的航空文化底蕴，不仅为党员干部提供了一个优质的学习场所，还进一步弘扬了爱国、敬业、创新、奉献的社会风尚。

廉洁教育专线

为教育引导新城党员干部强化廉洁自律意识，弘扬崇廉拒腐社会风尚，新城确定“中国共产党人的家风”档案展生态科技新城巡展、中国共产党在扬州历史展、扬州市江广融合区成果展示馆、扬州航空馆等 4 家场馆为廉洁教育主题馆，将红色文化、廉洁文化、家风文化等展馆串珠成链，形成具有新城特色的廉洁教育专线。

“中国共产党人的家风”档案展通过展出 200 多件文献，生动地展现了不同历史时期共产党人的家风故事，提醒党员干部自觉将家风建设摆在重要位置，养成廉洁修身、廉洁齐家的良好风尚。

中国共产党在扬州历史展主要展示了中国共产党在扬州大地浴血奋战史、艰苦创业史、改革创新史，特别是党的十八大以来，市委、市政府带领扬州人民以习近平新时代中国特色社会主义思想为指导，建设“强富美高”新扬州的生动实践。通过回顾历史，历史展教育引导党员干部坚守初心和使命，进一步坚定理想信念，增强党性修养。

扬州市江广融合区成果展示馆则集中展示了扬州新城市中心的建设历程和新面貌。通过参观学习，党员干部能够深刻感受到扬州地区经济社会发展的巨大变化，进一步激发干事创业的热情。

同时，为深化新城党员干部家风教育，将廉洁教育融入家庭日常生活，新城还开设了党员干部沉浸式家风课堂，通过“观、学、省、悟、谈”五项教学内容，警醒党员干部绷紧纪法之弦，构筑起拒腐防变家庭防线。

廉洁教育专线是新城拓展利用廉洁文化资源，以润物无声、春风化雨的方式，打造的廉洁教育有形载体。新城将继续深化廉洁教育专线的建设和管理，引导党员干部从丰厚的廉洁文化中汲取精神养分，激发“不想腐”的内生动力，营造风清气正的政治生态。

贴心向导

· 扬州航空馆廉洁文化基地

地址：扬州市生态科技新城三河六岸公园航空馆

开放时间：9：30—17：00（周一闭馆）

电话：0514-80325508　0514-80325518

· “中国共产党人的家风”档案展生态科技新城巡展

地址：扬州市生态科技新城游客服务中心北侧党史馆二楼

开放时间：周一至周五 9：00—12：00　14：00—18：00

· 中国共产党在扬州历史展

地址：扬州市生态科技新城游客服务中心北侧党史馆

开放时间：9：00—12：00　14：00—18：00

· 扬州市江广融合区成果展示馆

地址：扬州市万福大桥塔楼三楼

开放时间：9：00—12：00　14：00—18：00

（撰稿人：卞春霞）

为国铸盾 “两弹”功臣——乔登江院士事迹展览馆

乔登江是我国“两弹”功臣，著名核物理学家、核技术应用专家，中国工程院院士，是我国核爆炸理论、应用与抗辐射加固技术研究的开创者之一。乔登江院士事迹展览馆坐落在高邮市菱塘民族文化宫四楼，占地200多平方米，系统全面地展现了乔登江院士艰苦卓绝、成就斐然的一生。

菱塘民族文化宫

坎坷岁月，砥砺英才

乔登江(1928—2015)，出生于高邮市菱塘乔大庄。童年时代的乔登江，饱经战火和离乱之苦，兄弟姐妹十人，仅有他与大哥乔登山和妹妹乔登玉三人存活。乔登江的父亲迫于生计，带着兄妹三人，在南京城开一家小手工作坊赖以谋生，此时的乔登江在南京珠江路小学读书。但好景不长，1937 年日军侵入南京，在沦陷前夕，父亲带着兄妹三人返回菱塘老家避难，但途中遭遇日军飞机轰炸，年仅 9 岁的乔登江永远失去了右眼，颠沛流离的生活加上个人惨痛的经历，让幼小的乔登江萌生了立志强国的梦想。1944—1948 年，乔登江在南京市五中学习，后考入金陵大学物理系，1949 年 3 月加入中国共产党，在国民党统治下的南京秘密从事革命工作。

投笔从戎，为国铸盾

1963 年 3 月，乔登江接到中组部调令调往罗布泊，成为全国被抽调建立核试验基地研究所、参与首次核试验准备的 24 位年轻专家之一。乔登江从此投笔从戎，开启了人生的第一个传奇。1964 年 10 月 16 日，我国在罗布泊地区成功爆炸第一颗原子弹，一声巨响从戈壁荒滩传遍世界。时任 21 基地研究所第五研究室副主任、理论预测组组长的乔登江把它称作“大漠春雷”。1965 年，成功进行了第一次原子弹“空爆”试验；1966 年，成功进行了第一次导弹核试验；1967 年，成功进行了第一次氢弹爆炸试验。所有这些“第一次”，乔登江都参与其中，他先后参加了二十多次核试验，是我国参加核试验最多的科学家之一。

1974 年 6 月，乔登江与程开甲、吕敏、孙瑞蕃等著名科学家一起，主持编写了《核爆炸效应参数手册》。1988 年，乔登江结合我国现场试验的实践，开展核爆炸理论和现象学的全面总结，历经数年勤奋耕耘，完成约 70 万字的专著《核爆炸物理概论》。此书是我国在这一领域的唯一专著，成为指导从事核试验与核爆炸科技人员的经典参考书。

离而不休，续写辉煌

1988 年春，在部队例行体检中，乔登江被告知右肾患有恶性肿瘤。但他首先想到的是，一次重要的实验正在紧张地准备之中，他不顾医生的一再劝阻，悄悄溜回试验场，对试验方案再一次进行周密论证、仔细检查。后来，手术让乔登江永远失去了右肾。1988 年 8 月，他在 21 基地科委副军职副主任任上离职休养。

因病离休的乔登江并没有真正休息过一天。回到上海后，乔登

“离而不休　续写辉煌”展陈

江平均每年应邀外出参加学术交流、技术指导、科技攻关活动达5个月以上，辗转于北京、西安、新疆等地，行程50万千米以上。他继续从事核技术、材料辐射效应力学、生物电磁学等多个领域研究，出版了《电子元器件电磁脉冲效应手册》《地下核爆炸现象学概论》等5部学术专著，先后完成7个国防科研基金项目，取得9项国家科技进步奖、7项部委级科技奖。1997年，乔登江高票当选为中国工程院院士，成为我军唯一一个离休后当选工程院院士的人。2006年，乔登江获全国“光华工程科技奖”，这也是中国社会力量设立的中国工程界的最高奖项。2010年，被中央军委授予“文职特级军衔”“专业技术一级”。2015年5月，病逝于上海，享年87岁。

人格魅力，道德楷模

人过而立之年，他身披戎装，来到“死亡之海”罗布泊，献身于核试验的伟大事业中。知天命之年，乔登江有条件调回内地，但他选择继续留在罗布泊，成为我国参加核试验最多、留在核试验基地时间最长的科学家之一。1988年，60岁的乔登江肾癌手术后被宣布离职休养，失去了一次授少将军衔的机会。经过短暂调养，乔登江要求重返岗位，基地请他作为特邀专家参加工作，没有职务，没有报酬，甚至连“顾问”的名义也没有，对于旁人看似不公正的待遇，他毫不计较，一方面坚持康复治疗，一方面毫无保留地履行一个“义工”的职责。“两弹一星”元勋、2013年国家最高科技奖获得者程开甲对乔登江给予“乐观人生，勇于奉献”的高度评价。晚年的乔登江功成名就，但是他初心不改，永葆一个老党员、一个革命军人的本色。

“两弹”功臣，不朽丰碑

乔登江的一生是奋斗的一生、奉献的一生，是为国铸盾、创造奇迹的一生。他在核试验、核物理研究领域取得的卓越成就，在追求理想征程中展示出来的高尚品德，树立了学术和人生两座不朽的丰碑，留下了一份弥足珍贵的精神财富。1965 年 5 月 30 日，乔登江与张超、程开甲和吕敏等 9 人作为参加我国核试验的代表，在人民大会堂受到周恩来总理等党和国家领导人的接见；1992 年 12 月 11 日，乔登江等在人民大会堂受到江泽民主席的接见；1999 年 9 月 18 日，乔登江赴京参加中共中央、国务院、中央军委举行的表彰“两弹一星”有功人员大会；2011 年 11 月，乔登江当选为解放军总部“践行当代革命军人核心价值观十大模范”之一。

乔登江院士事迹展览馆

“毕生铸剑忠魂萦绕强国梦，终身许国丹心化作马兰红。”乔院士虽然斯人已逝，但他的事迹和精神必将长存，永远激励后人，他和他的战友们开创的伟大事业，为实现强国强军梦作出的卓越贡献，他们用青春和热血凝铸成的“马兰精神”、“两弹一星”精神，就像那戈壁滩上生命力旺盛的马兰一样，永远绽放在我们心头，绚丽灿烂。

贴心向导

地址：扬州市高邮市菱塘回族乡兴菱路61号

开放时间：周二至周日 9：00—11：30　14：30—17：00

电话：0514-84232010

（撰稿人：胡灯朝）

帕米尔高原上的“白衣圣人”——吴登云事迹展览馆

吴登云事迹展览馆位于江苏省高邮高新区（送桥镇）境内，占地面积 7800 平方米，建筑面积 1500 平方米，2013 年 5 月正式建成对外开放。展览馆共分五个部分：“扎根边陲”“立志创业”“大爱无疆”“赤子情深”“感动中国”，集中反映吴登云感人至深、催人奋进的先进事迹。

吴登云，1940 年出生于高邮市送桥镇。1963 年，他从江苏省扬州医学专科学校毕业后，响应党的号召，来到新疆维吾尔自治区乌恰县人民医院工作。61 年来，他热爱边疆、扎根边疆，为边疆各族

吴登云事迹展览馆

人民奉献了一颗赤诚爱心；他乐于奉献，为抢救危急病人无偿献血 30 多次，共 7000 多毫升血液一次次地流进了各族同胞的身体；他无私无我，割下自己的皮肤为烧伤的柯尔克孜族儿童植皮。他用自己的实际行动践行着党的宗旨，谱写出一曲“仁者爱人”的大爱之歌，在帕米尔高原上树起了一座民族团结和谐的不朽丰碑。

吴登云肖像

2009 年，吴登云入选“100 位新中国成立以来感动中国人物”；2011 年，入选“新中国成立以来百位先进人物”；2019 年 9 月中华人民共和国成立 70 周年之际，又被授予全国“最美奋斗者”荣誉称号，并光荣地当选为党的十六大、十七大、十八大代表。除此之外，吴登云还曾获全国优秀共产党员、全国劳动模范、全国先进工作者、全国民族团结先进个人等荣誉称号，获全国五一劳动奖章、白求恩奖章。

扎根边陲——海阔凭鱼跃，天高任鸟飞

20 世纪 60 年代初，“到边疆去，到祖国最需要的地方去”成为每一个有志青年的人生选择。1963 年，吴登云于扬州医学专科学校毕业后，写下“天高任鸟飞”的誓言，毅然选择去新疆。

距离乌鲁木齐 1500 千米、条件最艰苦的乌恰县没人愿意去，吴登云说：“我是农民的儿子，愿意到最艰苦的地方干一辈子。”乌恰位

于祖国版图的西部边陲，是送走太阳最晚的地方，西与吉尔吉斯斯坦共和国、塔吉克斯坦共和国接壤。这里生活着 4.3 万各族人民，其中柯尔克孜族占总人口 72%。当年，乌恰医院条件的艰苦、设施的落后、人才的缺乏远远超出吴登云的想象。但困难没有吓退吴登云这个硬汉，克服了最初心理上的孤独感和生理上的不适应，吴登云像一棵生命力顽强的杨树，在乌恰扎下根来。

吴登云说：如果还有来生，我还选择乌恰；乌恰人民需要我，我也需要乌恰人民；我还选择当医生，为病人解除痛苦，还病人健康，是我最大的幸福。

立志创业——开弓没有回头箭

面对恶劣的环境和艰苦的条件，吴登云选择的是挑战。他全身心地融入这片土地，与少数民族兄弟融为一体。语言不通，他一字一句地学习；情况不熟，他一个毡房一个毡房地访问；缺医少药，他刻苦钻研，把自己锤炼成“全科医生”；“十年树木”“十年树人”计划的实施，为乌恰留下了一座花园般的医院，培养了一批土生土长的医疗骨干。

吴登云说：热爱边疆各族人民不是一句空话。对医生来说，首先要对患者抱有强烈的同情心，像白求恩那样，对工作极端负责，对病人极端热忱。

大爱无疆——俯首甘为孺子牛

吴登云曾经悄悄对人说：“我老想着鲁迅说的那个‘牛’，就是

‘俯首甘为孺子牛’的牛。”这是吴登云的心声，是一个普通党员精神世界的真实写照，是一个医务工作者无私无我、甘于奉献的最佳注脚。

吴登云充满仁爱之心，为了抢救病人，先后无偿献血 30 余次计 7000 多毫升，超过一个成年人血液的总量。在吴登云的带动下，他的女儿献了血，医院职工、机关干部和牧民群众也纷纷加入了献血者行列，在乌恰逐步形成了一个社会献血团队。他为了抢救烧伤的儿童，从自己腿上割下 13 块皮肤移植到患者身上。吴登云每年都要花三四个月的时间，翻山越岭、风餐露宿，深入到牧区巡诊和防疫，足迹踏遍了全县 9 个乡的 30 多个自然村，受到当地各族干部群众的衷心爱戴。

吴登云说：共产党人应该胸怀宽广，廉洁奉公，看重创业奉献，看轻名利得失。

赤子情深——无情未必真豪杰，怜子如何不丈夫

吴登云是英雄，是“白衣圣人”，更是一个情感世界富有的人。高邮是他的第一故乡，乌恰是他的第二故乡，情感上的纠葛常常让他无法平静。他把他的一生和亲人献给了乌恰各族人民，献给了千千万万的病人，却欠下家乡、亲人一笔笔感情债，留下了一个个难以弥补的遗憾。

1969 年，吴登云正在最偏远的吉根乡牧区巡诊，收到弟弟吴登林寄来的家信，得知母亲因突发脑出血去世。其时，距离母亲去世已经一个多月。他痛不欲生，噙着泪水守着摇曳的煤油灯枯坐了一夜……他想：“我是个医生啊，如果我在身边，母亲也许不会走得这

么早这么快！”他写信给弟弟，诉说对母亲的怀念和歉疚，请弟弟替他在母亲坟头多烧点纸钱，请母亲原谅自己的不孝。

吴登云心中那杆秤的定盘星始终向着群众的利益倾斜，为了乌恰百姓的健康和幸福，他“献完青春献终身，献完终身献子孙”，在他的感召下，女儿吴燕也成为乌恰县的一名“白衣天使”。1997 年，吴登云安排在家中休假的女儿吴燕护送一位患癌的民警前往乌鲁木齐治疗，女儿却在返回的路上不幸遭遇车祸，年仅 29 岁，唯一的女儿永远地离开了他。

淡泊名利，廉洁奉公

“一个共产党员，应该胸怀宽广，廉洁奉公，看重创业奉献，看轻名利得失，堂堂正正做人，清清白白处事。”这是吴登云的座右铭，也是其人格力量之所在。1984 年，吴登云被任命为乌恰县人民医院院长。职位变了，但他淡泊名利、廉洁奉公的本色始终没有改变。

全县公费医疗报销审批都取决于他的“一支笔”，他严格把关，杜绝了搭车报销、滥批滥报等不良现象。乌恰医院新建门诊楼和附属用房，一个工程队包工头找到他，说愿意在家乡为他造一幢住宅楼。吴登云严肃地说：“工程可以给你们搞，但回报条件不是为我建小楼，而是工程的质量。”后来，这幢没有一分钱回扣的门诊楼成为乌恰公认的优质工程。县里一个有权势的干部为报一大笔费用，让家人给吴登云送礼。吴登云婉言谢绝，来人胡搅蛮缠，吴登云一怒之下，将礼物扔出门外。

近年来，吴登云事迹展览馆已成为集爱国主义、党史教育、理想

乌恰县乡村医生培训班

道德、勤政廉政、民族团结教育于一体的综合性教育基地。开馆以来，共接待各类参观者 870 批次、11.3 万余人。

“人能保天和，于身为太平。”六十一载初心不改，六十一载热情不灭，“白衣圣人”吴登云是新时代最可敬的人。他扎根最艰苦、最边远的地区，把一生最美的年华献给了边疆人民。坚守之中勇于担当，勤廉之中甘于奉献，“如果有第二次人生，我还会毫不犹豫地选择新疆，选择乌恰”，道出了吴登云的坚定执着和无怨无悔。

贴心向导

地址：扬州市高邮送桥郭菱路郭集大剧院

开放时间：周一至周五 8:15—11:45　14:30—18:00

电话：0514-80593036　0514-80593001

（撰稿人：赵胜楠、王杰）

新时代“渔家傲” ——扬州渔文化博览园

邵伯湖，又名棠湖，因东晋大臣谢安率领民众于此筑埭（即大坝）而名。沿湖村便坐落在烟波浩渺的邵伯湖西岸，原系邵伯湖滩涂，冬季湖水下降，湖滩露出水面，开春滩上杂草丛生，夏季湖上水涨，湖滩又被淹没，日复一日，年复一年。1968年初，邗江县水利局兴筑大堤，围湖造田，形成现在的沿湖村。

沿湖而居，因渔而生

沿湖村陆地面积只有0.8平方千米，却拥有丰富的外湖水面和内湖水面，这个村也因此成为扬州市区唯一纯渔民居住的渔业专业行政村。而今，渔民上岸，这样的日子已经不再，渔文化也已承继融入沿湖村的一砖一瓦、一水一桥中。

扬州渔文化博览园与沿湖村园村一体，是展示园村渔文化的集中场馆。该馆坐落在沿湖村东，围绕沿湖渔家勇敢、智慧和团结三种特质，设置了寻根渔文化、唱响渔光曲、共享渔家乐三部分展陈。地方不大，极为精致。

漫步渔文化博览园，渔网、鱼钩、鱼篓、罱、罾、卡、镣等一件件传统渔具依次陈列，以湖为生、与湖相伴的渔民生活扑面而来。“人立船头气势

扬州渔文化博览园门厅入口处

宏，网提臂振力无穷”“浑身是汗衣须解，丰获而归满面春”，打鱼这种独特的谋生方式，也造就了渔民生性朴实、敦厚、勇敢、团结的性格。

渔民生活在江湖之上，看似远离传统的儒家文化。但渔家祭祀、婚嫁礼俗，甚至美食、竹编等都有既定的要求和习俗，渔的仪式感并不亚于樵、耕、读。婚姻是大事，渔家讲究新娘踏上迎亲船头的那一刻，正好日出东方，满含着对婚后生活蒸蒸日上、红红火火的祝愿。吃鱼是小事，“吃鱼不能翻身吃”却是渔家约定俗成的规矩，期盼的是吉利；煮鱼是寻常事，却别具一格，渔民煮昂刺鱼，会在煮饭时将昂刺鱼脊背上的刺扎在杉木锅盖内侧，和米饭一起蒸，饭熟了，鱼也熟了，既节省时间，又保留本真美味。由于昂刺鱼被捕捞出水以后，会发出吱吱呀呀的声音，沿湖渔民因此把昂刺鱼唤作“歌鱼”，称这种做法为“锅盖歌鱼”。

一个“歌”字，渔家乐在其中，消解了一整天船上讨生活的凶险和疲劳。现实生活中,渔民在打鱼之余,也会在一些重要时节自编自演节目,后来约定俗成,形成了今天的“放鱼节”“金秋品蟹节”“丰收节”等系列渔家风情活动。《打鱼令》《渔家女》《水龙舞》《龙鼓舞》《渔灯舞》等等,这些当年“歌咏之不足”而进一步“手之舞之,足之蹈之”形成的节目,现在已经成为沿湖村的非物质文化遗产,保留在渔家文化中。

还湖退捕,因渔而兴

“露宿风餐齐上阵,经霜冒雪仍艰熬。”我们今天看到的诗情画意,实际上,在过去的渔民眼里,喜忧并存,皆为生活。

曾经的沿湖村,不仅被戏称为“渔花子村”,更流传着“呆男不娶渔家女,傻女不嫁渔家汉”的俗语。而这一切的改变,源于村书记刘德宝,源于各级党委和政府的坚强有力领导,源于沿湖独特的渔文化。

2007 年,以保护京杭大运河沿线生态为契机,针对渔民窘迫的生活现状,33 岁的村书记刘德宝大胆提出“填塘整地,上岸定居”。面对村里仅有的 70 多亩地,村两委和村民们拿出“愚公移山”的精神,制定方案、挑土填塘,硬是将 600 亩荒滩水塘填成了平地,建起了一排排白墙黛瓦的小楼。经过多年努力,300 多户以船为家的渔民全部上岸,住进了宽敞明亮的新居,并享受社保。

上岸之后怎么办?沿湖村还是在“渔”字上做文章,将传统的以钩钓矢射、叉刺网捞、镖投笼卡为主的生存渔业,转化为以渔业旅游为主的休闲渔业,渔文化的内核还在,形式已然更新,渔民生活如同年捕中的起网,更加欢腾。

沿湖村非遗民俗——渔姑织网

沿湖村非遗民俗——水上迎亲

近年来，沿湖村不仅着力经营以36道渔家船菜为特色的渔家餐饮和民宿客栈，还成立了2家渔文化旅游公司和2家专业合作社，注册“印象邵伯湖”系列商标，先后举办“中秋祭祀赏月晚会”“金秋品蟹节”“奋进新时代·追梦渔家人”“渔家有喜‘村’晚”等特色渔事渔节活动；组织传承渔家面食、开展编排演唱“打鱼令”等特色非遗活动；组建俏渔娘宣传队，创作编演鱼灯舞、渔姑织网、水上迎亲等特色节目；桥港渔场、湖心岛露营、渔耕伴读、红色渡口等项目也持续启动。

从捕鱼卖鱼到卖渔业卖文化，全村已有15家渔家乐、8家民宿。近年来，沿湖村接待游客人次、旅游收入、村集体收入、渔民人均收入持续走高，唱响了乡村振兴的“渔家傲”。

湖清人和，因渔而美

沿湖村从贫穷落后的小渔村成了远近闻名的“网红渔村”，这翻天覆地的变化，离不开沿湖人对渔文化的坚持、传承、发展。

二十多年来，沿湖村将团结一心、合力捕鱼的理念放大运用在村集体发展上，村级产业发展不依赖外来资本，而是因地制宜、自主发展，充分调动村民积极性和主动性，走共建共富共享之路。

村书记刘德宝，作为土生土长的沿湖人，坚持将心比心、以心换心，带领两委班子实施了“村民代表议事、村民代表监督、全体党员审议”三项民主管理制度，让全体村民充分参与、监督村集体经济发展，助力乡村治理提质增效。

沿湖村还积极开办渔家学堂、开展家风教育、搭建“围炉夜话”、打造渔家书房，并结合“善行义举榜”，组织开展“沿湖好人”“最美

沿湖村美景夏夜俯瞰

媳妇”“五好家庭”等评选活动，讲文明、树新风，聚民心、汇民力。多年来，沿湖村风清气正，干群融洽。沿湖渔家勤劳淳朴、崇德好礼的民风，在新时期得到了进一步弘扬。

沿湖人不仅将“渔家傲”唱得响，还唱得更美。依托得天独厚的资源，沿湖村坚持“绿水青山就是金山银山”的理念，将扬州渔文化博览园打造成集历史遗迹、教育研学、田园风光、娱乐体验、渔家文化、风情民宿等内涵于一体的乡村旅游精品项目。走进如今的沿湖村，波光粼粼的湖面、栖息觅食的水鸟、临水而建的楼房、宽阔整洁的街道、绿意萌生的草木，小小的渔村，藏着我们对美的向往，春采野菜，夏赏荷塘，秋看芦花，冬伴鹭鸟，早起收虾，晚枕蝉鸣……大美无言，尽归自然。

贴心向导

地址：扬州市邗江区方巷镇沿湖村

开放时间：周一至周五 9:00—11:00　14:30—17:00

电话：0514-87711407

（撰稿人：徐欣、赵建国）

寻根固本铸油魂——江苏油田党性教育馆

党性是党员干部立身、立业、立言、立德的基石。习近平总书记指出:“党性教育是共产党人修身养性的必修课。”江苏油田建设党性教育馆,旨在引导党员进行理性的党性思考,增强党员的政治意识、忠诚意识、廉洁意识、担当意识,不忘初心、牢记使命,听党话跟党走,勇担当善作为,为江苏油田高质量发展,为中国石化打造世界领先洁净能源化工公司而拼搏奋斗。

展馆序厅部分

江苏油田党性教育馆于 2019 年 7 月 1 日建成开馆，位于江苏省扬州市江苏油田公道培训基地，占地面积近 400 平方米，分展览区和互动区两部分，包含经典论述、牢记使命、党性课堂三个教育单元。参观者可在“看、听、议、检”中边思边悟，进一步认清党性不强的危害，查摆自身党性修养的不足，进而找准增强党性修养的方法、路径和目标。2023 年，江苏油田党性教育馆入选扬州市廉洁文化基地，目前是江苏油田“扎根水乡、找油报国”红色教育基地的重要展陈场所之一。

江苏油田党性教育馆装饰和布展简朴庄重，展出了江苏油田成立以来的大量图文史料，着重介绍了历届党委在不同历史时期，面对不同发展形势和任务，开展党性教育的做法、案例和成效，融史实性和趣味性为一体，以丰富的史料、鲜活的案例、生动的故事，启迪心智，成风化人。

创业期

1958 年，邓小平同志在听取石油工业部汇报时指示：“苏北如果找到油，年产 100 万吨，就值得大搞。”经过十多年的艰苦奋战，1974 年 9 月，苏 58 井试获日产 56 立方米工业油流，展示了江苏地区良好的勘探开发前景。江苏石油会战随即于 1975 年 4 月打响，同年 6 月 26 日，中共江苏石油勘探开发会战指挥部委员会成立。会战指挥部党委牢记小平同志指示精神，认真贯彻党中央路线方针政策，深入开展真理标准问题大讨论和四项基本原则教育，提出“超玉门、赶江汉，实现年产原油一百万”的奋斗目标。广大党员满怀“我为祖国献石油”的壮志豪情，发扬“革命加拼命、拼命干革命”的精神，在极端困难的条件下，开启了艰苦卓绝的创业之路。油田党委把1975—1983年这段时间标注为创业期，这个时期的党性特征是艰苦奋斗、为国分忧。

发展期

随着改革开放的不断深化，以及社会主义市场经济体制机制的建立和完善，我国能源需求不断扩大。江苏油田党委高举邓小平理论伟大旗帜，牢固树立“发展是硬道理”的思想，大力开展“三基本”“双基”等教育实践，以思想大解放推动生产大发展。广大党员继承石油石化“三老四严”“四个一样”等优良传统，把夺油上产、抗洪抢险等现场作为党性锤炼的主战场，在百里油区掀起了轰轰烈烈的大会战。1995年12月26日，江苏油田原油年产量突破了100万吨，实现了小平同志的夙愿。油田党委把1984—1995年这段时间标注为发展期，这个时期的党性特征是解放思想、大干快上。

江苏油田地处江淮流域，每年都要遭受外洪内涝的考验，油田

分别为展馆“创业期”“发展期”部分

的夺油上产史，也是一部抗洪史。在与洪水的较量中，油田不仅战胜了洪水，实现大灾之年不减产，还淬炼出“团结协作、顽强拼搏、无私奉献、注重科学、敢于胜利”的抗洪精神，成为油田人不惧挑战、砥砺前行的不竭动力。

跨越期

进入21世纪，国民经济高速发展，国家对能源的需求更为迫切。江苏油田党委牢记使命，深入学习贯彻“三个代表”重要思想，聚焦“加快有效发展、构建和谐油田”目标，大力开展“三讲”、保持共产党员先进性教育活动、深入学习实践科学发展观活动等教育实践，激发了党建活力。广大党员大力弘扬“创新、精细、实干”精神，传承“严、细、实”的工作作风，延续了江苏油田黄金发展期，原油产量持续攀升，市场开拓亮点纷呈，经济效益显著提高，捧回“全国文明单位”荣誉。油田党委把1996—2011年这段时间标注为跨越期，这个时期的党性特征是开拓创新、精益求精。

分别为展馆“跨越期”“奋进期”部分

奋进期

党的十八大以来，中国特色社会主义进入了新时代，国有企业发展进入深化改革的攻坚期和深水区。江苏油田党委以习近平新时代中国特色社会主义思想为指引，扎实开展党的群众路线教育实践活动、“三严三实”专题教育、“两学一做”学习教育、“不忘初心、牢记使命”主题教育、党史学习教育、学习贯彻习近平新时代中国特色社会主义思想主题教育、党纪学习教育等党内集中教育，深入学习贯彻习近平总书记“四个革命、一个合作”能源安全新战略和端牢能源饭碗、保障国家能源安全等重要指示批示精神，全面推动改革转型、提质增效。广大党员牢记“爱我中华、振兴石化”“为美好生活加油”的初心和使命，紧紧围绕“12345”发展战略，撸起袖子加油干，在打造具有优质资源量、特色含金量、昂扬正能量的奋进新油田道路上开拓奋进、勇毅前行。油田党委把十八大之后标注为奋进期，这个时期的党性特征是不忘初心、砥砺奋进。

一部江苏油田发展史，就是一部坚持党的领导、加强党的建设的实践史，它凝聚了干部职工的心血和汗水，折射出油田党员的党性光辉。现今的江苏油田党性教育馆不仅是常态化开展党性教育的重要平台，也是加强廉洁文化教育、弘扬石油精神和石化传统、展现党员风采的重要阵地，教育引导着广大党员以史为鉴、反躬自省，充分认识到党性修养是每一名共产党员终身的必修课，自觉把强化党性锻炼与推动企业发展紧密结合起来，不忘初心、牢记使命，立足本职、担当作为，奋力谱写江苏油田高质量二次创业新篇章，为“好地方”扬州建设贡献石油力量。

贴心向导

地址：扬州市邗江区 101 县道扬菱路江苏油田技师学院（公道校区）

开放时间：周一至周五 9：00—12：00　14：30—17：00

电话：0514－87763310

（撰稿人：柳东湖、朱俊）

运河清风专线

清波流韵泽千年 古塔风姿映三湾

——扬州中国大运河博物馆

扬州中国大运河博物馆，是国家一级博物馆，于 2021 年 6 月 16 日建成开放，坐落于扬州三湾风景区，占地 200 亩，总建筑面积约 7.9 万平方米，是国内首座全方位展现中国大运河历史、文化、生态以及科技面貌的“百科全书”式的现代化主题博物馆。

扬州中国大运河博物馆正面图

运河耀古城

千年运河，浩浩汤汤，润泽两岸，生生不息。大运河由京杭大运河、隋唐大运河、浙东运河组成，是中国古代建造的伟大工程，是世界上开凿时间最早、河道长度最长、工程规模最大的人工运河。

扬州是大运河的原点城市，是一座与运河同生共长的城市。公元前 486 年，吴王夫差筑邗城、开邗沟，沟通了长江和淮河两大水系，是中国大运河的滥觞，也开启了扬州 2500 多年的通史式繁华。因运河而生、更因运河而兴的扬州，书写了“兴盛于汉”“鼎盛于唐”“繁盛于清”的“三度辉煌”，获得世人“淮左名都，竹西佳处”的赞誉。

——西汉早期，吴王刘濞定都广陵，即山铸钱、煮海为盐、广通商运，扬州迎来历史上第一次发展时期。

——“借问扬州在何处？淮南江北海西头。”隋唐时期，隋炀帝开凿大运河，扬州凭借襟江带海、江河交汇的地理优势，西可通洛阳连接陆上丝绸之路，东可下黄海、东海连接海上丝绸之路，成为全国乃至世界最重要的枢纽港口之一。至中唐时，“江淮之间，广陵大镇，富甲天下”，史称“扬一益二”。

——清代中期，扬州居交通要冲，富盐渔之利，空前繁华，扬州的盐税是清朝财政收入的主要来源，扬州成为当时中国乃至世界性的大城市。

千年运河，滋养了古代扬州的精彩与传奇，使扬州成为名副其实的世界运河之都。2014 年 6 月 22 日，由江苏扬州牵头、35 座城市共同参与的中国大运河联合申遗项目通过第 38 届世界遗产委员会会议审议，中国大运河成功入选世界文化遗产。扬州境内 6 段河道、10 个遗产点入选名录，成为沿线运河城市中入选数量最多的城市，也让扬州和大运河再续前缘。

2020 年 11 月，习近平总书记到扬州考察时指出：“扬州是个好地方，依水而建、缘水而兴、因水而美，是国家重要历史文化名城。”近年来，扬州人民牢记总书记嘱托，坚决扛起让古运河重生的时代使命，于保护、传承、利用上下功夫，“好地方”扬州正在讲述运河新故事。

“三塔映三湾”

扬州中国大运河博物馆整体造型由中国工程院院士、中国建筑西北设计研究院总建筑师张锦秋领衔设计，整体设计围绕“三塔映三湾”主题，突出历史文化与现代文明交相辉映、国家标志与地域特色有机融合、个体建筑与山水环境总体协调的设计理念。

扬州中国大运河博物馆主体由博物馆和大运塔两部分组成，整体馆型设计采用了巨型船只造型，同时融入风帆元素，在馆旁建造一座高达 112.3 米的大运塔，可通过馆顶建设的长虹卧波式长廊进入高塔。

站在大运塔上远眺，不仅运河三湾美景尽收眼底，南北两端还可以分别看到声名远扬的天中塔和文峰塔。位于古运河旁文峰寺内的文峰塔建于明万历十年（1582），历经多次修缮，是扬州市区仅剩的一座楼阁式古塔。天中塔位于高旻寺内，始建于清顺治八年（1651），可以“南眺金焦诸峰，北枕蜀冈之麓”。百米高的仿唐式大运塔、北边文峰寺的文峰塔、南面高旻寺的天中塔恰好成一条直线，与三湾公园相得益彰，形成“三塔映三湾”的绝妙景象。

藏品说古今

步入博物馆，馆内展陈以大运河发展变迁为时间轴，以大运河的全流域为空间范畴，设有“大运河——中国的世界文化遗产”“运河上的舟楫”“因运而生——大运河街肆印象”3个常设展，“世界知名运河与运河城市”“运河湿地寻趣”等6个专题展，以及“河之恋”数字化沉浸式展览、展演传统戏曲的小型剧场、青少年互动体验项目和临时展厅。13个各具特色的展示空间，向公众全方位地讲述运河故事。

馆内藏有自春秋至当代反映运河主题的古籍文献、书画、碑刻等各类文物展品1万多件(套)，以及与运河相关的众多文献、资料等。这些展品时间跨度大、地域范围广，不仅胜在数目，更胜在特

“大运河——中国的世界文化遗产”展陈

汴河州桥遗址河道剖面图

色；既有宫廷传世品，又有考古发掘品。历朝历代均有珍品佳作，文物品类亦一应俱全，青铜、玉石、陶瓷、金银器皿、竹木牙角、漆器、织绣、书画、印玺、碑刻造像等等，每一品种自成历史系列，成为数千年中华文明绵延发展最为直接的见证。

开馆以来，博物馆运用传统与现代融合手段，全流域、全时段、全方位地展现大运河的历史、文化、生态和科技面貌，力图真实再现大运河厚重的历史信息和文化价值。

博物馆一号展厅里，长 25.7 米、高 8 米的汴河州桥遗址河道剖面被完整截取，并直接“搬”进了展厅进行展示。它给观众带来的视觉冲击力不仅在于其庞大，还在于其利用“地层学”表述方式展现出大运河历史变迁的厚重。除了汴河剖面，展厅中仪征拦潮闸内河道淤积截面、宜兴宋代砖瓦窑等也都是被整个“搬”来的。不可移动文物进展厅，营造出展览的沉浸式氛围，让观众感受真实，带来了全新的博物馆体验方式。

除了实物展陈，博物馆还立足当下，运用模型、VR 等多种科技手段全方位展现运河。“大运河——中国的世界文化遗产”作为全景展示的通史展，引入 5G 技术，设立沉浸式体验空间，全流域、全时段、全方位解读中国大运河。

“运河上的舟楫”展厅通过实体船模展示，讲述运河上舟楫变迁的历史，融合实体展陈和数字沉浸，活态化展示大运河百舸千帆的胜景、运河沿线的市井百态。

“因运而生——大运河街肆印象”展览打造了一个有历史场景和真实业态，让观众身临其境、可以互动体验的展厅，呈现不同历史时期大运河沿线的城镇景观，反映出运河沿线人民的勤劳智慧与美好生活。

清风传千秋

悠悠水波，文脉绵延，流淌的大运河承载着千年中华文明，以古老而年轻的姿态推动着经济社会发展和文明交流，扬州中国大运河博物馆坐落于岸边，记述着运河文化的前世今生，聆听着薪火相传的万千故事。

运河之水不仅美在其清波绿水，更美在其润物千年、绵延至今的清风育人，美在其跨越千年、代代传承的风骨清举。扬州市深入挖掘、整理、弘扬大运河文化中的廉洁元素，成功举办了两届“运河清风”微电影大赛，开通了“运河清风”研学线路，打造了一批廉洁文化重要阵地，持续擦亮“运河清风”廉洁文化品牌。

2022年，扬州启动“运河十二景”评选工作，经过36万余人次的网络票选，瘦西湖、运河三湾、七河八岛、明清古城、茱萸湾、双宁古韵、盂城驿、北湖湿地、平山堂、邵伯古镇、瓜洲古渡和高旻禅寺成功入选。它们同时也是扬州廉洁文化建设的重要阵地，见证了扬州廉洁文化与运河文化的融合统一。

千百年来，运河滋养两岸城市和人民，是运河两岸人民的致富河、幸福河。昔日南粮北运，如今南水北调。在新时代的航程里，作为“运河长子”的扬州，如同乘风破浪的大船，正奋楫搏浪扬帆远行，努力成为江苏乃至全国廉洁文化建设的高地。

贴心向导

地址：扬州市广陵区汤汪街道运博路1号

开放时间：周二至周日 9：00—17：00

电话：0514－82773088

预约方式：“中国大运河博物馆”公众号、“中国大运河博物馆”官方网站

（撰稿人：王乾）

千年运河　廉韵悠悠——运河廉文化传承馆

运河廉文化传承馆，坐落于扬州市江都区邵伯镇历史文化街区，定位运河文化的展示点、历史文化的博览点、廉政文化的传承点，以运河为根、以文化为本、以廉洁为魂，讲一方水土、颂一众贤达、传一脉廉韵。

历史沿革

古镇邵伯，位于长江、淮河、运河三水交汇之处。邵伯古称甘棠，

运河廉文化传承馆

邵伯埭因东晋著名政治家、军事家谢安在此筑埭治水而得名，迄今已有近1700年的历史。

谢安，字安石，东晋杰出的政治家、军事家和文学家。“南北悠悠三十年，谢公遗埭故依然。欲论旧事无人共，卧听钟鱼古寺边。”这是北宋著名词人秦观在邵伯写下的怀念谢安的诗句，其中“遗埭”即指邵伯埭。据载，东晋太元十年（385），谢安出镇广陵（今扬州），在邵伯见淮水泥沙堆积，百姓苦受旱涝之灾，便组织军队及百姓，筑邵伯埭治水。埭成，当年受益，高者无旱，低者不涝，上下两利，民皆称颂。从此渔农聚居者日多，久之便形成了农村小集镇，人丁兴旺，百业繁荣。

运河廉文化传承馆建设始于2014年底。江都区依托中国大运河申遗成功的契机，围绕邵伯镇作为大运河重要节点的地域优势和文化特色，结合邵伯巡检司的恢复重建，精心策划并布展了运河廉文化传承馆。历经筹备与建设，运河廉文化传承馆于2015年5月10日正式开馆，占地及建筑面积达600多平方米，共两院三进，布局紧凑而富有文化底蕴。

随着时代的进步和社会的发展，2022年底，运河廉文化传承馆进行了全面的优化和提升，增强了布展的时代性和针对性，为更好地发挥运河廉文化的渗透力、感染力和影响力提供了有力保障。

运河廉韵

运河廉文化传承馆由启廉台、正廉堂、思廉院、尚廉阁、清风苑、承廉楼、清风传习所七个展区组成，紧扣运河水系特色，立足优雅古朴形态，打破传统陈列模式，突出廉文化精神重点，融教育、体验、互动为一体，意在运河清风永续传承。

启廉台：提纲挈领，是运河廉文化传承馆的引导区，运用竹简的艺术表现力创造肃穆清廉的氛围。直映眼帘的是古铜镜，以铜为镜正衣冠，以廉为镜正己身。辅以廉赋铺陈，书写江都风雅，咏诵甘棠廉洁。

正廉堂：展开的古运河全图绢画卷轴，铺陈开正廉堂的清廉风雅。正廉堂从宏观运河流域着眼，深入微观城市动态：纵向，一览运河的古今廉文化传承；横向，期冀运河城市的友好联结。邵伯历史街区微缩模型值得参观者细细观赏，大马头、四角楼、廉文化传承馆、巡检司……可一览历史街区的全貌，并可进一步细致观察其中各个建筑的景观。

思廉院：小而精致，清且优雅。院子一侧是古代清官廉吏事迹积淀而成的廉洁成语，朗朗上口；院子另一侧是“运河揽胜图”，

思廉院

赏心悦目。轻盈的铝板、厚重的砖雕、素雅的配色、灵动的俊竹，从平面到空间的多元表现、纷呈元素和谐搭配，成就了思廉院的独特风采。

尚廉阁：雕塑、智能屏等多种展示手段在尚廉阁交相辉映，最大化丰富了展陈表现形式。步入展厅，甘棠树剪影，动态演绎甘棠清风，讲述廉政故事，与四周廉德人物场景相互呼应，共同讲述江都千年的历史积淀。智能屏借院中景色，添展厅风雅。

尚廉阁

清风苑：登上清风亭，清风拂面。清风亭背后墙面以古典艺术手法展示廉洁《三字经》，寓教于乐。当参观者轻声吟诵，可感悟廉洁清风。清风亭对面长廊，以历史为主线，记叙自古至今九位江都贤达的清廉风雅。廉洁的基因在江都一脉相传，弘扬至今，启迪未来。

清风苑

承廉楼：展示江都廉政建设成果，展出邵伯斛、邵伯杆秤等量具，寓意欲知平直，必有准绳；欲知方圆，必有规矩。二楼清风传习所承办组织的各类廉文化主题展览和清风讲堂，意在弘扬清风正气，传承运河廉韵。

润物无声

自 2015 年 5 月 10 日开馆以来，运河廉文化传承馆不仅吸引了大批市内的机关、企事业单位和社会团体的参观者，还吸引了来自南京、香港等地的高校师生以及徐州、镇江等运河沿线城市的文化学者、专家及党政代表团前来参观学习。

在接待党员群众参观的同时，传承馆还承办了各类廉政教育活动和座谈会，如纪检监察干部宣教工作座谈会、预备党员宣誓活动、年轻干部廉政教育活动等，并制播廉政微电影，持续丰富党员干部的精神文化生活，引导和推动廉洁理念深入人心，为构建风清气正的政治生态提供了有力支撑。

贴心向导

地址：扬州市江都区邵伯镇历史文化街区

开放时间：9：00—12：00　14：00—17：00

电话：0514-86531342

（撰稿人：赵国娟、许国权）

家人闲坐　灯火可亲——汪曾祺纪念馆

历史沿革

为纪念汪曾祺 100 周年诞辰，高邮市委、市政府围绕“聚文化人”“聚才创新”工程，研究决定建立汪曾祺文化特色街区项目，借以扩大高邮“名城、名人、名片”效应，丰富城市文化名片元素。汪曾祺纪念馆于 2019 年 4 月 18 日破土动工，2020 年 5 月 18 日正式开馆。

汪曾祺纪念馆正门

汪曾祺纪念馆造型独特，别具匠心，由同济大学第四设计院设计，并多次在国际建筑大赛上获奖。2021年，汪曾祺纪念馆入围ArchDaily建筑大奖评选；同年，斩获MUSE国际创意大奖建筑照明专项铂金奖。2023年，汪曾祺纪念馆荣获亚洲建筑师协会建筑奖金奖。

馆内两层建筑设有展厅11个，分为“百年汪老”“汪曾祺的文学世界”“家乡的人和事”“为人为文”“怀念与传承”5个主题，全面展现汪曾祺著书立说、潜心创作、趣味人生的大师风范。该馆先后获评里下河文学流派研究基地、扬州市廉洁文化基地。“中国文学之乡”在汪曾祺纪念馆挂牌，这里也是中国作家协会新时代文学实践点、江苏作家协会新时代文学实践点。

文学世界

汪曾祺（1920—1997），江苏高邮人。中国当代作家、散文家、戏剧家，是京派作家的代表人物。“他像一股清风刮过当时的中国文坛。”“他就是他自己，一个从容地‘东张西望’着，走在自己的路上的可爱的老头。”这是全国人大常委会副委员长、中国作协主席铁凝对汪曾祺的评价。

从1940年创作第一篇小说《钓》算起到1996年，逾半个世纪的时间内，汪曾祺共创作短篇小说一百多篇。汪曾祺的作品题材多样，而背景基本有四大板块：一是昆明，他的大学时代；二是北京，长期生活的地方；三是张家口，劳动改造的特殊经历；四就是汪老说的“我们那里”，所谓的“我们那里”，就是故乡高邮。

在这四类作品中，体现得最多的是他对童年、对故乡的回忆。其中被人们所熟知的就是小说《受戒》，在文坛引起了巨大轰动；它是汪曾祺代表作，在中国现当代文学史上具有不可忽略的史学意义。《受戒》的出炉，突然扭转了1949年以来的小说审美观，即以重大题材谈中国文学史。人们在一派“伤痕文学”解冻的潮水中，忽然无比惊奇地发现，从政治阴影中挣脱出来的现代汉语，原来还可以这样美丽、隽永。从那以后，寻根文学的旗帜被高高举起，“现代派”和先锋小说像万花筒一样缭乱了人们的眼睛。

他反对在作品中塞进长篇大论的前言、后记和烦琐的注释评语，认为这样会破坏作品的原汁原味和读者的阅读体验。这种对创作的严谨态度和对读者的尊重，也是其自律精神在文学创作上的体现。

人间有大爱　笔下送小温

汪曾祺出身在一个大地主家庭，但家庭的优渥条件并没有让他成为一个奢靡享乐的人。相反，他深受祖父汪嘉勋和父亲汪菊生的影响，这两位长辈都生活简朴，勤俭持家，且乐善好施。汪嘉勋在经营产业时，坚持卖“地道药材”，不掺杂弄假，树立了良好的商业信誉。汪菊生则经常为穷人散“米票子”，并免费为人医治眼疾，从不收诊金和礼物。这种家庭氛围无疑对汪曾祺产生了深远的影响，使他养成了淡泊名利、注重精神追求的生活态度。

在汪曾祺的个人生活中，他一直保持着简朴的作风。他爱买书，尤爱廉价书，认为读廉价书有诸多好处，如买得起、无须珍惜、可以

汪曾祺纪念馆外景

汪曾祺纪念馆阶梯阅读区

随便圈点批注等。这种对物质生活的淡泊态度，反映了他对精神世界的追求和对知识的渴望。

汪曾祺虽然没有留下太多直接关于廉洁故事的记载，但我们可以从他的家庭背景、生活态度和创作理念中，感受到他自爱自律的精神风貌。他用自己的言行和作品，诠释了什么是真正的淡泊名利、崇尚简朴和追求真理。

汪曾祺纪念馆自开馆以来，共接待游客近60万人，举办了500多场次各类文化讲堂和讲座，受到了社会各界人士的广泛关注和支持。

汪曾祺虽然离开我们了，但他的文学和人格，他用小说、散文、戏剧、书画为人间创造的温暖、爱意、良知和诚心，却始终伴随着我们。他的作品让我们"相信生活，相信爱"。汪曾祺也愈加让我们觉得，一个民族，一座城市，是不能没有像他这样的人格、这样文学的品格、这样的信念与执着来润泽这里的人和事、这里的情与景……

贴心向导

地址：扬州市高邮市傅公桥路69号

开放时间：周二至周日9：00—17：00

电话：17714930091

（撰稿人：陈秋玲）

一部淮盐史　万年扬子江——江上盐都盐运文化展示馆

江上盐都盐运文化展示馆位于仪征市新城镇十二圩侉子街，是全国首家也是目前唯一一家以“盐运”命名的展示馆。展馆主体为明清风格的建筑格局，占地 4.79 亩，展陈面积 700 平方米，是集休闲、观光、展览于一体的开放式、园林式的展示馆。全部展陈分为“淮盐转运　源远流长”“东南盐都　利浦尽美”“华丽转身　继往开来”“人杰地灵　遗泽流芳”四大板块，共陈列 600 余件两淮各时期的精美展品。

江上盐都盐运文化展示馆

盐都兴衰

位于扬州市仪征的十二圩，因盐而生，因运而盛，是中国历史上唯一靠盐储存中转而迅速崛起的“盐都”，一度成为两淮盐务汇集转运的重镇。

清同治九年（1870），两淮都转盐运使方濬颐建议将总栈移至十二圩，并列举了十二圩的优势：“江船碇泊风浪不惊，江岸保障，全圩地踞高阜，土埂炼实，无淹漫之患……”曾国藩沿江视察，见十二圩夹江之中江面宽阔、水流平缓，十多里范围内均有锚位，可停泊大批船只。淮盐总栈搬迁由此开始。同治十二年十月十五日，十二圩总栈正式启用，定名为“仪征淮盐总栈”。光绪年间，两江总督刘坤一来视察，更名为“十二圩两淮盐务总栈”，清末民初又

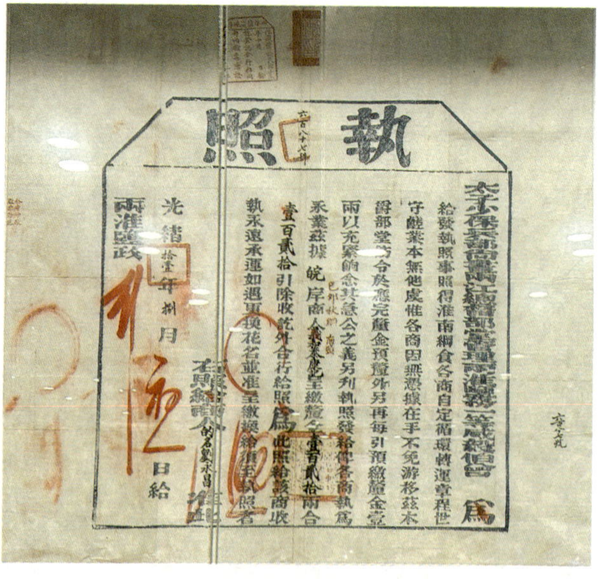
執照

給發執照事照得淮南綱食各商自定循環轉運章程世
守鹺業本無他處惟各商因無憑據在手不免游移茲本
爵部堂飭令於應完釐金預繳外另再每引預繳釐金壹
兩以充察餉念其急公之義另刊執照發給借名商執爲
承業茲據皖岸商人 呈繳釐金壹百貳拾兩合
壹百貳拾引除收訖外合行給照爲此照給該商收
執承運承運如遇更換花名並准呈繳換給須至執照者

光緒拾壹年捌月 日給

兩淮鹽政

光绪十一年（1885），两淮盐政曾国荃颁发的盐商执照

民国淮南盐运销

更名为“两淮盐务扬子总栈”。民国时期，辅仁大学教授闵尔昌来十二圩督查盐税时看见淮盐堆囤之景，作诗：“小邑千家船万里，吴中自有白盐山。”

1930 年，两淮盐务总栈撤销。1931 年 5 月，南京国民政府正式颁布新盐法，由之前的政府垄断改为自由买卖，同时随着机轮船在江苏货物运输中的普及，淮盐在十二圩储运的需求已经不复存在。1937 年正值全面抗战爆发，圩镇作为江淮地区的战略目标，在日军战火中被毁，地方士绅和盐民群体四相逃散，曾经的十数万民众、千余艘江船已不见踪影。抗战胜利后实质性推广新盐法，失去产业支柱的十二圩市井萧条，成为扬州滨江地带的一个普通市镇。

辉煌一甲子

历史赋予了十二圩时代的使命，在清代成为长江中下游盐运枢纽。十二圩淮盐总栈汇集了产自两淮地区的食盐，当时的盐场占地超过 300 亩，常年在此堆屯的淮盐达 10 亿斤，每年的盐运量更是在 15 万吨。全国九大盐区，仅淮南盐经十二圩远销沿江湘、鄂、赣、皖四省，占全国产盐量 30% 以上……十二圩沿江建有 30 多个码头，正常停泊在十二圩江面的盐船多达 2000 多艘，最大的江船长十三四丈，再加上内河里的近 200 艘大小驳船，把十二圩江面挤得满满当当。

处于全盛时期的十二圩，成为十数万人生活的热闹集镇，自下而上，也诞生了历史上诸多的“江北第一”。十二圩繁盛时期登记注册的老字商号就有近 500 户，供应十数万住民的生活需求。有旅馆、浴室各 5 家，大小饭店酒楼 20 多家，还有 3 个露天游乐场，就是东门、西门、中门 3 个盐码头，每天散工后，来自各地的艺人赶到这里，各献其艺以吸引广大盐工。各地会馆、会所也多达几十个，“盐场三门真热闹，赛过南京夫子庙”口耳相传。十二圩兴盛一甲子，时跨近现代。生发江河处，名扬全中国。在 1924 年《世界平方图》之上找不到扬州，但“十二圩”却鲜明标注在当年的上海与南京这两座大都市之间。

扬子潮涌，孕育了块块洲滩，先民在此围垦拓荒，催生了方方圩田，十二圩应运而生。运河入江，高扬千年云帆。两淮扬子盐务总栈落户，开启一个甲子的繁华。盐运事涉扬子四岸供应，盐税关乎国家天下安定。

熔古铸今

仪征十二圩孕育了长江流域最大的盐运中心，既是近代文明的集聚地，也是对外交流的窗口和先进思潮、红色文化的摇篮，是一个极具代表性、时空交织的多层次、多维度文化复合体。曾几何时，先进思想、进步力量汇集于此，血性盐民抗英、爱国青年抗日的精神谱系孕育了扬州地区最早的党组织。

仪征市委、市政府高度重视历史文化街区保护利用，启动了南门大码头片区与十二圩盐文化片区保护利用工程。2019 年，江上盐都盐运文化展示馆建成。在原有基础之上，十二圩又相继融入长江文化、运河文化、红色文化等元素，打造了“廉风盐韵”仪征运河印记展览馆、黄质夫乡村教育史迹陈列馆等 10 多个文博馆，逐步形成国内独有的盐运文化“微博物馆群”。

江上盐都盐运文化展示馆夜景

历史沉淀、长江浸润，人们走进十二圩，充分感受这里“筚路蓝缕的创业文化，抱团共进的集体文化，重教践行的历史文化，开放包容的工商文化，薪火永传的红色文化”。

贴心向导

地址： 扬州市仪征市新城镇十二圩侉子街

开放时间： 周二至周日

9：00—11：30（11：00 停止入场）

14：30—17：30（17：00 停止入场）

电话： 0514－83634119

（撰稿人：金小平）

古城清风专线

贤守清风平山堂——平山堂廉政教育基地

历史沿革

平山堂位于扬州城西北蜀冈中峰，庆历八年（1048）春，欧阳修来到扬州任知州，是年六月，欧阳修在蜀冈大明寺旁辟室建堂，因为蜀冈地势独高，在堂前远眺，江南诸山似与堂平，因此命名为“平山堂”。清光绪二年（1876），林肇元所题匾额“远山来与此堂平”诠释得最为传神。平山堂建成后，“壮丽为淮南第一”，王安石有诗称

平山堂廉政教育基地

赞平山堂“一堂高视两三州”。

欧阳修在扬州工作仅仅十一个月时间，因为身体不好，便主动申请调到颍州去了，但他对平山堂的感情很深，多年之后，其老部下、老朋友刘敞知任扬州，他特地填了一首词送给刘敞，这就是著名的《朝中措·送刘仲原甫出守维扬》：“平山阑槛倚晴空，山色有无中。手种堂前垂柳，别来几度春风。　　文章太守，挥毫万字，一饮千钟。行乐直须年少，尊前看取衰翁。”

欧阳修在堂前亲手所植柳树，后人称之为“欧公柳”。据说后来北宋曾有一位叫薛嗣昌的太守知扬州，他听说了“欧公柳”的故事后，也在平山堂前栽了一株柳，自命为“薛公柳”。谁知百姓不买账，这位薛公任期届满，前脚离开扬州，后脚就有人将“薛公柳”连根拔了。

元祐七年（1092），苏轼来到扬州任太守，为怀念恩师欧阳修，在平山堂后修建了一座谷林堂，堂名取自苏轼《谷林堂诗》开头的“深谷下窈窕，高林合扶疏”两句，这一联如今就悬挂在谷林堂中。

苏轼多次经过扬州，每一次经过扬州总要到平山堂瞻仰一下老师的遗踪。北宋元丰二年（1079），他从徐州移知湖州时经过扬州，此时欧阳修已经作古。苏轼在此写下了著名的《西江月·平山堂》：“三过平山堂下，半生弹指声中。十年不见老仙翁，壁上龙蛇飞动。　　欲吊文章太守，仍歌杨柳春风。休言万事转头空，未转头时皆梦。”

平山堂

清同治年间两淮盐运使方濬颐题扬州“平山堂”匾(居中),光绪初年两江总督刘坤一题“风流宛在”匾(左侧),民国时安徽省主席马福祥题“坐花载月”匾(右侧)。

谷林堂

平山堂自北宋修建以来曾经数度毁坏，元代一度荒废，明万历年间重修，清咸丰年间又毁于兵火。同治八年(1869)，安徽定远人方濬颐莅任两淮盐运使，即与扬州士绅谋议修复平山堂。平山堂建成后，他组织名流于平山堂修禊。时人描述云“群贤毕至少长集，山林钟鼎形相忘”，称赞方濬颐“翁之盛业继欧阳，扬州胜地重增光”。方濬颐重建平山堂，不仅奠定了今天平山堂建筑群的景观格局，还赓续了文化传统。方濬颐为重建后的平山堂所题“平山堂”匾，至今仍悬挂于堂内。

光绪五年(1879)，欧阳修后裔、两淮盐运使欧阳正墉在谷林堂后建欧阳祠，祠堂上方有“贤守清风”匾额，是康熙皇帝赐给欧阳修的，赞誉欧阳修为官清廉，是历代公认的贤官。

欧苏遗风

欧阳修和苏轼在平山堂上的诗酒风流固然为人喜爱，但他们更以勤于政事的贤守形象被后人敬重与追慕。平山堂也成为贤守善政的象征符号。这些被不断丰富着的感受与想象，承载了丰富的历史文化记忆，积淀了深厚的历史文化底蕴。

欧阳修是一代文宗，也是一位政治家。后人将欧阳修知扬州期间的作为概括为三大政绩，即劝农、御水、治狱。劝农方面，他深入民间，调查生产状况，对民生十分关注，有诗为证：“至日阳初复，丰年瑞遽臻。飘飖初未积，散漫忽无垠。”(《咏雪》，见欧阳修《居士集》)水利方面，欧公实地勘察，并结合实际提出对策，认为旧有做法不适合当地情况，希望上司能在治水时免于扰民。量刑方面，欧公主张从宽，尽量减少死刑，给失足者以希望。

欧阳修尤其为人称道的，是其崇尚宽简的政治理念。朱熹在《朱子考欧阳文忠公事迹》中引用欧公的话：“凡治人者不问吏材能否，施设何如，但民称便，即是良吏。”并评论说：“故公为数郡，不见治迹，不求声誉，以宽简不扰为意。故所至民便，既去民思。”欧阳修先后在扬州、南京、青州等大郡为官，他到任三五天后，事已十减五六，一两月后，官府阒然如僧舍。有人问欧公如何做到“为政宽简而事不废弛者”，他回答：“以纵为宽，以略为简，则政事弛废而民受其弊。吾所谓宽者，不为苛急；简者，不为繁碎耳。”所谓宽简，即是不苛急，不繁碎。不兴建不必要工程，不扩大可以化小的事端，不提倡可有可无的活动，不随便分派百姓的工役，不增加百姓的赋税负担，使百姓安居乐业。苏辙《欧阳文忠公神道碑》载：“其政察而不苛，宽而不弛，吏民安之，滁、扬之人至为立生祠。”所谓“为官一任，造福一方”，欧公可当之无愧。欧阳修的宽简之道，对于今人仍有重要的学习借鉴价值。

苏轼做扬州的“父母官”，前后也不过半年时间，却留下了流传千古的三大仁政，即停办劳民伤财的万花会，为民请命免除“积欠”，为负责漕运的船商、船夫争取到返程时可以载货搭客的权益。其中停办万花会尤见苏轼的民本情怀。

北宋时，扬州芍药冠绝天下，蔡京知扬州时，办起了芍药万花会，每次举办需要用花十余万枝。花会一年一度循习而办，人力、财力、物力铺张浪费，衙役恶吏也趁机敲诈，最终遭殃的是平民百姓。宋哲宗元祐七年（1092）的春天，就在扬州官方照例布置万花会时，苏轼却坚决废除了万花会。他在《以乐害民》中申明了他的主张：

“（万花会）既残诸园，又吏因缘为奸，民大病之。予始至，问民疾苦，遂首罢之。万花会，本洛阳故事，而人效之，以一笑乐为穷民之害。”苏轼的做法当时有人不理解，但他在给好友王定国的书信中道出心声：“花会乃扬州大害，已罢之矣。虽杀风景，免造业也。”

汲古润今

欧阳修、苏轼以平山堂为载体，以“文章太守”为纽带，将清廉、清静、清淡、清雅的精神形态与生活趣味带到扬州。他们的精神与思想，早已融入了中国的文化与历史，也影响着扬州生生不息的文化传承与创造。经过历代人砥砺奋进、坚韧前行，逐步形成了扬州的城市特色，包含开拓创新的进取精神、临危不惧的铮铮铁骨、开放

欧阳祠

包容的博大胸襟、崇文重教的儒雅风尚、温和敦厚的友善品格。

继前贤以开来，传薪火以光大。2017 年，在江苏省纪委关心指导下，扬州市以欧阳修、苏轼这两位北宋文豪在扬州为官的清廉事迹为依托，从优秀传统文化中挖掘和提炼清廉文化，并与建筑、景观相融合，提升平山堂建筑群的展陈布置，建成省级廉政教育基地并正式对外开放。

基地占地约 4 万平方米，由平山堂、谷林堂、欧阳祠、欧苏格言路和“贤守清风”主题馆等组成，其中的“贤守清风”主题馆，以文章太守、风骨清举、贤守清风、遗泽后昆等四个篇章展示了欧阳修和苏东坡在扬州为官时的经历以及他们的执政之道。参观者可在生动的人文景观、历史场景中踏访古迹、触摸文脉，感受他们为官的清正廉洁、为人的豁达乐观。

基地建成开放至今，已累计接待参观人数超 500 万人次。2019 年、2020 年，平山堂廉政教育基地先后举办了“欧阳修与扬州城市

“贤守清风”主题馆

精神”“苏东坡与扬州”两次高规格的学术研讨活动。

蜀冈峰上风流宛在，平山堂下贤守清风。现今的平山堂不仅是扬州城区的地理高地、文化高地，更是扬州廉洁文化的高地。以欧阳修、苏轼为代表的扬州历代贤官，其仁爱的德行、勤政的能力，以及豁达的气度、磊落的襟怀，既教化了当代人，也滋养了后来者。他们身上所蕴含的精神特质，不仅是一面面镜子，更是一面面旗帜，始终鼓舞和引导人知责思为、知德守正，凝聚起面向未来开拓奋进的强大动力。冀因有此，平山堂将千年兴盛，历久不衰。

贴心向导

地址： 扬州市平山堂东路 8 号

开放时间： 8：00—16：30

电话： 0514－87370024

（撰稿人：唐兴）

欧苏格言路

史可法墓祠

节秉清忠梅花岭——史可法纪念馆

史可法纪念馆坐落于扬州城北梅花岭畔，是依托全国重点文物保护单位史可法墓祠而建，也称“史公祠”。

历史沿革

史可法(1602—1645)，字宪之，号道邻，大兴籍，河南祥符(今河南开封)人。明崇祯元年(1628)进士，累官至南京兵部尚书。清顺治二年(1645)四月，豫亲王多铎率领十万大军围攻扬州城，当时诸镇不救、朝廷不援，守城部队只有一万人，史可法明知不可为而为之，誓与扬州共存亡。多铎前后五次派人送上劝降书，以高官厚禄引诱史可法，均被严词拒绝，史可法亲自登上易攻难守的西门指挥。扬州于四月二十五日被清军红衣大炮攻陷，史可法被俘，不屈就义，年仅四十四岁。史可法与清兵奋战到生命的最后一刻，成为与岳飞、文天祥一样浩气长存的民族英雄。

顺治三年（1646）清明，史可法嗣子史德威葬史公“衣冠袍笏”于扬州城外梅花岭。乾隆三十三年（1768），后裔开纯父子建祠三楹，复修置门楼三楹，甃垣以砖七十丈，其近墓余地广植松柏梅花。乾隆四十一年，乾隆帝听闻史可法的忠义之举，大公至正，制《敕赐专谥文》：“砥行能坚，秉诚克裕……殉义从容，竟捐生而不悔……谥为忠正……鉴当年皦日之心，正气咸伸，励万古疾风之节。”乾隆四十二年，乾隆帝亲题“褒慰忠魂”四字，命彭元瑞以史可法画像及其札稿合卷，御制七言诗一首，命大学士于敏中等廷臣和韵，并勒石史公祠壁以垂永远。

乾隆题“褒慰忠魂”拓片节选

咸丰三年（1853），史公祠宇毁于战火。同治四年（1865），两江总督曾国藩捐廉倡修，裔孙史兆霖综理其事，建祭亭廊屋。光绪十七年(1891),两淮盐运使江人镜主持修缮史公祠。光绪二十八年,两淮盐运使程仪洛主持修葺史公祠,撰有《重修梅花岭明史阁部祠墓记》。民国三年(1914),两淮盐运使姚煜主持修缮史公祠,撰《重修史忠正公祠记》。

史可法书“自学古贤修静节,唯应野鹤识高情”

民国二十二年,省府会议决议拨款修葺史公祠,以向抵抗外侮为国捐躯先烈致意。民国三十六年,扬州历经抗日战争烽火,史公祠长期得不到保养维护,扬州社会各界发起“万元签名运动”自发修缮;同年,史公后裔史鉴先生倾其所有在史公祠内创办小学,保护祠内文物古迹不被国民党军队破坏。

史可法墓祠曾迎来无数仁人志士拜谒凭吊,留有纪念性诗词曲赋百余篇,积累了丰厚的文化底蕴。

廉谨奉公

廉谨奉公是史可法为官的底色,也源自其家风的教化传承。史可法祖父史应元“授黄平知州,生平不苟言笑,每事必准古人,在黄平清徭役、简词讼,以教化为先,不事刑扑,月俸外囊无一钱”,为晚辈树立起为官榜样。“自学古贤修静节,唯应野鹤识高情”，史可法的一生，生以孝修身，死以忠立世，既有“忠孝立身真富贵”的誓言，也有“抚字无能先布德”的感怀。他用学识、品格和廉谨、爱民、勤政书写为人为官之道。

史可法 27 岁中进士，当年即任西安府推官，后历任御史、总督、巡抚、兵部尚书，却是一生清贫。家书中史可法多次提到家中困境，其弟新婚时，在信中写道“买房一事，当即停止。此时贫甚，那得数百金也”；家中缺少用度，他给夫人信中写道“夫人可将簪珥衣服，或当或卖，暂供日用”；亲友有困难时，要求夫人“五婶母事该相助，但此时手中空乏，不能顾人，今寄去银十五两备用”；年过四十，史可法无子，妻子要为他娶妾，他叹息道：“王事方殷，敢为儿女计乎？”家书中，史可法多次提及的一句话就是：“让得人，受得苦，才是享福之人。”

作为新任巡抚，史可法进驻六安（今安徽六安），看到城墙年久失修，他带头“捐俸筑城”，并亲自督工，节省官银数千两，亦不括民资，“公之守池州、太平也，廉敏爱民，贪吏望风解绶。六安城垣倾圮，则捐俸修葺，佐以节省之资不下二千金，而不支公帑，不费民财，虽一砖一石，亦目寓而心经焉”。六安县学荒废，史可法又捐款修缮向士子劝学。

“公擢户部郎中，督太仓及辽饷，所至砥节奉公、一尘不染。”崇祯五年（1632），朝廷调史可法到京城，升任户部主事，再升为员外郎、郎中，掌管全国的土地、户籍、赋税、财政收入等事务。任上，史可法细密周到，管理国库、主管“辽饷”期间，经手大批钱财，始终一尘不染。

史可法素来“廉信”，《明史》记载：“（公）与下均劳苦。军行，士不饱不先食,未授衣不先御,以故得士死力。”“可法为督师,行不张盖,食不重味,夏不箑,冬不裘,寝不解衣……庖人报肴肉已分给将士,无可佐者,乃取盐豉下也。”战事危急时,史可法一连几月都是“行不张盖”,不曾解衣就寝,饮食简单。行囊之中别无他物,只带有欧阳修《新五代史》,据记载史公年轻时好学,一月仅得七夜整眠,最喜读《欧阳文忠公集》,观史以鉴成败,尽管戎马倥偬,仍然认真阅读,探索国家与民族的“中兴之业”。

史可法为官清廉,朝廷却有人怀疑。史可法父亲离世,他卸职还乡,朝廷派宦官突击检查,“朝廷闻其贤而未信也,遣中涓数人,先于涿州伺之;比至,启其箧,得银杯二、金扇十七柄、奠章三十二轴而已。使者报闻,帝为动容,于是有夺情议,公拜疏固辞”。史可法带回家的全部财物,只有日常所用,宦官报回朝廷后,连好猜疑的崇祯皇帝也感慨其清廉。

扬州保卫战,是史可法为人品格、为官操守、为国气节的大升华。公曰:“可法受先帝恩,不能雪仇耻;受今上恩,不能保疆土;受慈母恩,不能备孝养。遭时不造,有志未伸,一死以保国家,故其分也。”扬州,成就了史可法“苟利社稷,死生以之”的夙愿,也为扬州树起了一座不朽的精神丰碑。史可法困守孤城扬州,清王多次修书说降,公不复启视,投之水,且拒之益坚,《复摄政王书》中,他坚定地亮明立场:“法处今日,鞠躬致命,克尽臣节,所以报也。”清人陈孝泳称赞道:“展卷孤忠遗貌在,褒题天笔为留芳。半生报国支残局,一死成仁见大纲。人但衣冠书不灭,名因日月谥弥光。灵祠想像梅花外,江表清风万古扬。”

梅岭遗爱

史可法的高风亮节有如梅花岭上的冰雪梅花，永世流芳。他的精神、气节值得代代相传，生生不息。正如诗人贺敬之所言：“史可法人可法书可法，史可法今可法永可法。”其为人为官之道已然成为守德修身典范，是广大党员干部“为政之道，修身为本”“明大德、严公德、守私德”的榜样。

1988 年，在扬州市政府关心指导下，建立史可法纪念馆。2022 年，史可法纪念馆正式挂牌成为扬州市廉洁文化基地。自开放以来征集收藏文物及藏品 725 件，国家三级文物 6 件。藏有朱德、刘海粟、蔡廷锴、郭沫若、贺敬之等党和国家领导人、名人学者及朝鲜前主席金日成亲笔题词。

基地占地面积 9100 平方米，有衣冠冢、飨堂、祠堂、桂花厅、梅花仙馆、方亭、晴雪轩、牡丹厅等，全方位展示史可法爱国、忠义、廉

飨堂

洁的精神品质，在寻访古迹中缅怀先贤、致敬忠烈、学习其精神和文化。基地年均接待游客量达20万人次，接待党政机关开展廉政教育百余批次。每年举办讲英雄故事比赛、纪念史公征文、宣传传统文化节日等相关活动几十场。

如今史可法的精神已经凝聚成扬州城坚韧不拔和自强奋进的重要精神象征。

贴心向导

地址：扬州市广储门外街24号

开放时间：周二至周日9：00—17：00

电话：0514-87339357

（撰稿人：姜凌宇）

盛世藏书　人文渊薮——扬州文汇阁

文汇阁，位于扬州市丰乐上街天宁寺旁，是清代七大藏书楼之一。有清一代，扬州极尽繁华，因为在这里形成了清廷财政收入的重要来源之一——盐税。清廷对盐务十分重视，康、乾二帝屡次南巡也必经扬州，因皇家亲临，盐商修建了天宁寺行宫，康熙帝六次南巡，有两次驻跸于此；乾隆帝六次南巡，有五次驻跸此处。皇家藏书楼文汇阁就建在天宁寺御花园内，位置在主殿大观堂旁，乾隆帝对文汇阁的修建也十分重视，他亲自给大观堂和御书楼题写匾额、对联。

扬州文汇阁

历史沿革

于历史的顶峰瞭望，任何文明的系统传播往往依赖书籍作为媒介。乾隆帝十分重视文化，他主持编纂的《四库全书》，是中华文化史上的盛事。在世界文明史上，《四库全书》可谓独一无二，它共收书 3500 多种，79000 多卷，36000 多册，分为经、史、子、集四部。乾隆帝举全国之力，集中文化精英，抄录了 7 部《四库全书》，分藏于“北四阁”（北京紫禁城文渊阁、圆明园文源阁、奉天皇宫文溯阁、承德避暑山庄文津阁）与“南三阁”（扬州天宁寺文汇阁、镇江金山寺文宗阁、杭州文澜阁）中。扬州文汇阁即为贮藏这部书的“南三阁”之一。

《四库全书》木函

清代扬州不但经济繁荣、文化昌盛，且旅居文人之多、文风之盛前所未有，乾隆帝对扬州的偏爱，除了政治上的因素外，也有一定的个人感情。他之所以在文汇阁放置一套《四库全书》，既是要表示他对汉文化的推崇，同时也是为了显示清王朝对南方文治的威慑力，所谓“江浙为人文渊薮”是也。

扬州文汇阁始建于乾隆四十五年（1780），先收藏御赐《古今图书集成》，后藏《四库全书》。根据史料记载，文汇阁藏《四库全书》的抄录时间应该是从乾隆四十七年七月开始，到乾隆五十二年结束，而全部抄完后，最终校订、装潢完毕，则是在乾隆五十五年。清人完颜麟庆在他的旅行笔记《鸿雪因缘图记》中，详细记述了他亲眼所见的文汇阁藏《四库全书》情形：“左右列厨贮经部，书面绢绿色。阁上列史部，书面绢红色。左子右集，子面绢玉色，集面绢藕合色。书帙多者，函用香楠。其一二本者，用版片夹开，束之以带，而积贮为函。”

咸丰三年（1853），太平军攻入扬州，将文汇阁连同所藏书籍一起焚为灰烬，在扬州古城和中国文化史上留下永久伤痛。

崇文自信

《四库全书》保存了中国历代大量文献，可以说是历史的语言，但如果仅放在书架上或者只读不用，那历史的语言就失去了生机。

出于文化传承与控制的双重考虑，乾隆皇帝对文汇阁等“南三阁”的管理与利用高度重视。他一再下旨，强调阁中所藏之书不是做样子的，要允许读书人阅读和传抄。正因如此，文汇阁等“南三阁”在管理上要比“北四阁”灵活，“南三阁”脱离了皇家宫廷的直接控制，有独立的建筑和专门的管理人员，使官方藏书在一定范围内公开，供普通读书人阅读抄录，这是古代藏书史上的一个重大突破。从这个意义上说,“南三阁”也成为中国公共藏书楼和公共图书馆的萌芽。

“江浙三阁”藏书的具体送藏及管理的实际工作是由两淮盐政、盐运使负责。历任盐政、盐运使皆能顾觅学人,妥善管理,聘请著名学者担任讲习,鼓励盐商捐办教育,普通士子得以入阁观书、抄书、校书,进而著书,一定程度上起到了“嘉惠士林”的作用,促进了《四库全书》的利用和传播,对社会文化的发展作出了特殊的贡献。《四库全书》入藏扬州文汇阁,对扬州学派的产生和发展起到了积极的助推作用。

2023 年 4 月,文汇阁这座清代的皇家书阁顺应民意得以重生。让书写在古籍中的文字活起来,从历史中汲取更多精神营养,是扬州重建文汇阁的目的之一。2023 年 6 月 1 日,习近平总书记专程到中国国家版本馆考察调研,他详细听取《四库全书》版本源流、纸张印刷、保护收藏等介绍,叮嘱工作人员:“我最关心的就是中华文明历经沧桑留下的最宝贵的东西。中华民族的一些典籍在岁月侵蚀中已经失去了不少,留下来的这些瑰宝一定要千方百计呵护好、珍惜好,把我们这个世界上唯一没有中断的文明继续传承下去。”文汇阁的落成,填补了“江南三阁”独缺扬州文汇阁的空白,也再现了“书阁合一”的盛景。修复后的文汇阁,在做好收藏、研究、展示和传播《四库全书》的基础上,着力打造传承历史文脉的物质载体,如今已经成为扬州的新地标。

向善自强

复建后的文汇阁,高悬乾隆帝御题“文汇阁”“东壁流辉”匾,以

文汇阁一楼中堂

及中国书法家协会主席孙晓云所书“大观天下”匾和楹联。一楼为“文汇阁历史文化展陈”，言简意赅，图文并茂，道尽文汇阁的前世今生。二、三楼入藏原大原色原样复制文津阁版《四库全书》一部，共36000余册，分置于128个书架、6144个书函。

习近平总书记的很多用典也来源于《四库全书》，并为我们实现传统文化创造性转化和创新性发展树立了典范。扬州文汇阁创办了“依靠学习，走向未来”主题学习平台，“古韵新声”讲堂内容分为明势、求变、取道、正心和励行五大篇章，以文字、音视频等形式展示总书记重要讲话中引用《四库全书》中的经典语句，方便参观者在游览文汇阁的同时学习总书记用典，汲取中华优秀传统文化营养，赓续历史文脉，增强文化自信和文化自觉。

文汇阁于2023年11月成为市级廉洁文化基地后，持续接待了前来参观“依靠学习，走向未来”主题学习平台的干部群众。此外，文汇阁不仅是藏书楼，更是文化传播、非遗传承发扬的阵地之一，通过以节气类、节日类、非遗体验类、国学冬夏令营为主题的各种体验活动，将传承与学习的意义传达给各个社区机构、市民亲子、各大中小学校、各层级党群组织的体验者们，广受好评。

贴心向导

地址：扬州蜀冈－瘦西湖风景名胜区丰乐上街 1 号

开放时间：9 : 00—17 : 00

电话：0514－87267991

（撰稿人：王虎华）

毓贤尚廉汇清风——仁丰里“毓贤尚廉”廉洁教育基地

“毓贤尚廉”廉洁教育基地是依托广陵区仁丰里历史文化街区丰富的历史人文资源，打造的独具古城特色的廉洁教育基地。“毓贤”，指培育贤才，千年仁丰里走出了一代代贤才，街区内有一条著名的古巷“毓贤街”；“尚廉”，指从仁丰里街区挖掘提炼、宣传展示崇尚廉洁奉公的文化内涵。

毓贤尚廉展示馆

历史沿革

仁丰里历史文化街区，位于扬州明清古城区核心区。“仁丰里”得名于《论语》里的孔子名言“里仁为美”，意思就是居住在仁爱之地是美好的。仁丰里保留了唐代里坊制的鱼骨形街巷格局，以仁丰里为南北中轴线，从最南端的小东门到最北端的大东门，东西向依次为旧城头巷、二巷直到十巷。

仁丰里历史文化街区名人辈出，从南北朝到近代，留下了极其丰富的历史文化遗存。“毓贤尚廉”廉洁教育基地从仁丰里街区历代名人中精选了24位进行挖掘展示，分别是昭明太子萧统，文选学创始人曹宪，文选学大家李善和他的儿子——英风豪气的大书法家李邕，宋代墨庄传家的刘式，抗金报国英雄岳飞，宋代扬州三名状元——吕溱、王昴、李易，刚正的元代扬州教授胡长孺，从仁丰里走出来的明代名将曾铣，亮节孤忠的民族英雄史可法，清代“三朝阁老、九省疆臣”阮元，仁丰里街区的曹李巷连续五代读书有成的陈家——陈嘉树、陈彝、陈重庆、陈含光、陈康，“清末四大家之一”况周颐，现代讲史第一人黎东方，革命先烈江上青，仁丰里街区嵇家湾周家三兄弟——周桂年、周树年、周柏年。

文脉赓续

仁丰里历史文化街区可谓是中国文选学的发源地。相传，南朝梁昭明太子萧统在扬州建造了文选楼，主持编纂了著名的《昭明文选》，选录了自先秦至齐、梁数百年间130多人的700多篇作品，收录文体38类，是中国现存最早的一部诗文总集。《昭明文选》对后世影响深远，其地位可与儒家经典并列，唐代士子将《文选》作为必读书。

曹宪则是最早研究《文选》的学者，他在扬州开讲《文选》，影响极大，有学生数百人，朝廷里的公卿也有不少人投在他门下。曹宪之后，研究《文选》最有名的就是他的弟子李善。《新唐书》记载，李善的品行雅洁美好，学识博古通今，有君子的风范和韵致。李善将其所作《文选注》上呈唐高宗李治后，高宗大为赞赏，赐给李善绢绸一百二十匹，并下诏将李善的《文选注》藏于秘阁。《文选注》因此被大为追捧，历代流传。文选学成为显学，李善厥功至伟。如今仁丰里街区有一条“曹李巷”，就是纪念创建文选学的这两位大学问家——曹宪、李善。

清代“三朝阁老、九省疆臣”阮元，其故居就在仁丰里街区的毓贤街。阮元历任山东、浙江学政，浙江、江西巡抚，两广、云贵总督，晚年拜体仁阁大学士，加太傅。阮元不仅是一代名臣，更是鸿儒通才，他在经史、天文、金石、校勘等方面都有极高的造诣，他的著述非常丰富，经世济用，是乾嘉学派之最后一重镇，更是乾嘉学派的重要分支扬州学派的领军者。《清儒学案》总结他的治学要旨：“论学宗旨在实事求是，自经史、小学、历算、舆地、金石、辞章，巨细无所不包，尤以发明大义为主。”

英雄报国

仁丰里街区不仅走出了一大批精于治学的鸿儒大师，还留下了一代代赤胆忠魂的英雄报国故事。

岳飞是我国著名的民族英雄,在扬州也流传着他的不少故事和传说,江都嘶马、高邮三垛都有岳飞的事迹流传。相传,岳飞与金兀术在兴化乌巾荡大战,受伤被送至扬州城内的寂照院内养伤一年,伤愈后又领兵与金兵作战。寂照院,相传即文选楼旧址,南宋时,为祭祀岳飞,寂照院改名功德院,后又赐名旌忠寺,一直沿用至今。

史可法是著名的民族英雄。他是明崇祯元年(1628)进士,任西安府推官,后转平各地叛乱。崇祯死后,史可法在南京拥戴福王称帝,但是遭到马士英等人排挤,史可法就自请出镇淮上,赴扬州督军抗清。《明史》记载:“大清兵薄城下,炮击城西北隅,城遂破。可法自刎不殊,一参将拥可法出小东门,遂被执。可法大呼曰:‘我史督师也。’遂杀之。”仁丰里街区南端的小东门是史可法英勇就义之处。小东门的城墙上,曾有一座史可法留下的铁炮。

江上青烈士也曾在仁丰里街区留下光辉的足迹。1935 年 7 月至 1937 年,江上青在扬州平民中学担任国文教员,利用三尺讲台,言传身教,宣传进步思想、传播革命道理。在平民中学任教期间,他还发起创办了《写作与阅读》杂志,影响了一大批进步青年。扬州平民中学旧址就在仁丰里街区旌忠巷 33 号,现为江上青烈士史料陈列馆。

家风传承

在仁丰里街区,有不少诗书传家的名门望族。最典型的就是曹李巷的陈家五代和嵇家湾的周氏三兄弟。

曹李巷陈家,第一代是陈嘉树,他是道光二年(1822)殿试二甲头名，也就是“传胪”。陈嘉树勤于政事，先后担任过提调官、按察使、盐运使、布政使等，对于各种行政事务，几乎无所不精。陈嘉树的儿子陈彝，字六舟，是同治元年（1862）传胪，“父子传胪”被传为佳话。陈彝耿直敢言，疾恶如仇，时人称他为“敢言御史”。陈彝的儿子陈重庆，诗、书、画造诣极高，人称“三绝”。书法家翁同龢曾对他说：“吾后海内善书者当以陈君为巨擘。”陈重庆次子陈含光也是扬州名士，为扬州的文化事业作出了重要贡献。陈含光之子陈康，则是中国现代古希腊哲学学科的奠基人和开拓者。

第三展厅展陈

稽家湾周氏三兄弟，长兄周桂年先后担任广东海关监督、水上警察厅厅长等职，他为官清廉，办事公正，生活朴素，谨言慎行。他爱好诗词，是冶春后社重要成员。二哥周树年，字縠人，

第四展厅展陈

晚清时被授内阁中书，任吏部员外郎。但他感到国事日非，不愿同流合污，于是辞官归里，执教为生。周树年热心公益，不置私产，被公推为江都教育会、扬州商会首任会长，当时有童谣云："扬州城，十二门，忙坏了商会周觳人。"三弟周柏年，"曾服务军政学界有年"。他工于诗词，善于绘画，尤其对扬州传统的竹刻技艺深有研究，著有《刻竹琐谈》。

在仁丰里街区的阮元家庙内，建有扬州家风展示馆，深入展示了扬州历代名门望族的家规家训，展现了正谊明道、崇德向善、忠贞诚信、耕读持家等扬州家风文化的传承。

古为今用

"毓贤尚廉"廉洁教育基地充分挖掘利用了仁丰里历史文化街区深厚的历史文化资源，由 12 个参观点、1 座展示馆组成了整条参观线路。

毓贤尚廉展示馆位于仁丰里街区旧城六巷。展馆以仁丰里的 24 位名人为纲，串联起仁丰里的历史，以人物故事、家风传承彰显廉洁教育主题。按历史朝代分为 4 个主题——"隋唐寂照文脉长""宋元精忠慕贤良""明清风骨挺脊梁""近代风云藏古巷"。展馆对展陈形式进行了大量创新，营造出清新雅致、文气书香的展陈效果，让人耳目一新、印象深刻。

环绕仁丰里街区的 12 个参观点，创新载体形式，融入街区景观风貌。如仁丰里 23 号，相传是刘式墨庄，在附近墙面上以砖雕连环画形式绘制了墨庄夫人的家风故事。如在史巷入口处，设立了剧场式立体彩色墙绘，表现了史可法在扬州的光辉事迹。这些点位的打造，为街区注入了更生动的文化内核，让仁丰里街区更有故事、更有深度。“毓贤尚廉”廉洁教育基地充分彰显了古为今用、德润人心的廉洁教育主题，以融入式、嵌入式手法打造廉洁文化线路，更成为廉洁文化促进街区文旅发展的典型案例。

墨庄刘府

贴心向导

地址：扬州市广陵区汶河街道仁丰里旧城六巷 12 号

开放时间：周二至周日 9：00—11：30　14：00—17：00

电话：0514-80828272

（撰稿人：戴文娜）

清芬正气传当世——朱自清故居

朱自清故居位于扬州安乐巷27号，是全国重点文物保护单位，始建于晚清，是扬州传统民居建筑，也是目前保存最为完好的朱氏旧居，其书房和卧室更是保持了当年的原貌。

文章百代名

朱自清（1898—1948），字佩弦，号实秋，是中国现代著名的文学家、教育家、学者，杰出的民主战士和爱国知识分子。朱自清

朱自清故居

1898年11月出生于江苏东海县，三岁随父亲定居扬州邵伯，五岁随家迁居扬州，在扬州念私塾、读小学、上中学、考大学、结婚生子，先生自称“我是扬州人”。朱家在扬州先后居住过天宁门街、弥陀巷、皮市街、琼花观（街东首）、禾稼巷、仁丰里、安乐巷等七处，其中安乐巷27号是朱家1930—1946年租住居所，是朱自清父母与次女朱逖先、三女朱效武在扬州居住时间最长的地方。1932年8月20日，朱自清与陈竹隐在上海结婚，回扬州老家在此小住。

清淡传香远

朱自清原名朱自华，父亲期望其饱读诗书并学有所成，故借苏东坡“腹有诗书气自华”中“自华”二字给儿子取名。报考北京大学时，朱自清将自己名字改为“自清”，取自《楚辞·卜居》“宁廉洁正直以自清乎”，勉励自己在困境中不丧志，不同流合污，保持清白。他始终认为只读书是不够的，首先要自立做人，做清正之人。

1937年卢沟桥事变爆发后，北大、清华和南开大学被迫南迁，在昆明组建西南联合大学，朱自清担任西南联大中文系主任，虽身兼数职，薪水却十分有限，甚至不能足额发放，生活难以为继，也无法供养孩子读书上学。此时朱自清的次子“闰儿”上到高二年级，只好中途辍学，只身到外地当小学教员谋生，儿子还不时从自己微薄的薪俸中挤出部分来帮衬父亲。国民党当局为收买民心，对有名望的知识分子实行怀柔政策。他们想利用朱自清的声望提高政治威信，曾几次请朱自清到国民党中央政府做官，均被朱自清拒绝。西南联大的一位国民党教授邀请朱自清和

朱自清、闻一多等人在西南联大时的合影

闻一多加入国民党，送来“特别党证”党员表，也被他“以未收到邀请为理由拒绝之”（《朱自清日记》）。值此艰难岁月，只要朱自清接受国民党的高官厚禄，立马就能改善朱家窘迫的经济状况，然而朱自清却毫不犹豫地拒绝了。他在《犹贤博弈斋诗抄》中奉答萧公权的一首诗中有言“闭门拼自守穷悭，车马街头任往还”，正说明了当时的情况。

1946 年，朱自清重返清华大学，此时家中物件全无，要到旧货店购置。有一次，家人从学校院子里捡来一张坏了腿的旧桌，准备切菜使用，朱自清知道后非常生气，认为这是公家东西，不准乱拿，叫人立马送还回去。又一次，学校在他家门口堆了几车沙土，小女儿想要取一点沙土玩，他得知后，便对女儿说：“不行，那是公家的东西，我们不能碰。”散文家李广田评价朱自清说：“他大事认真，小事也认真，自己的私事认真，别人或公众的事他更认真。他有客必见，有信必回，他开会上课绝不迟到早退。凡是公家的东西，他绝不让别人乱用，即便是一张信笺、一个信封。”

五斗橱

1946年，朱自清回北平后，朱家暂住在宣武门城墙的一个院子里，因为抗战前屋内的东西基本都没有了，需要重新购置，新的买不起，只好到旧货市场买。这件五斗橱由朱家后人捐赠，据回忆，就是在当时所购，后来用了很多年。

朱自清有着自己朴素的民族情感和爱国思想。北大求学时，他以极大的热情参加了五四爱国运动。“三一八”惨案发生后，他和清华师生走上街头，撰文抗议日本帝国主义侵犯中国主权的罪行。朱自清在《新中国在望中》一文中写道“在我们面前的是胜利的中国，在我们望中的是新生的中国”，对新中国给予极大希望。他不但发表讴歌抗战诗文，还曾多次掩护和收留抗日义士和爱国学生。

1948年，美国支持国民党打内战，扶植战败的日本，同时又假惺惺地“援助”中国面粉。面对物价飞涨，朱家此时已是入不敷出，朱自清更是被严重的胃病折磨着，虽然急需面粉，但他毅然决然地在“抗议美国扶日政策并拒绝领取美援面粉”的宣言书上签下自己的名字，“这意味着每月使家中损失六百万法币，对全家生活影响颇大；但下午认真思索的结果，坚信我的签名之举是正确的”(《朱自清日记》)。并嘱咐家人拒绝领取美援面粉，要求把配给证退回去，始终保持着一位正直爱国知识分子的高尚气节和可贵情操。毛泽东在《别了，司徒雷登》一文中说：“朱自清一身重病，宁可饿死，不领美国的‘救济粮’……我们应当写闻一多颂，写朱自清颂，他们表现了我们民族的英雄气概。”

诗篇激后昆

朱自清一生清正持己，在生命最后时刻捍卫了民族尊严，构筑起中华民族的灵魂与骨架，树立起不朽的精神丰碑。他人生的前三分之一陶染于扬州深厚的文化底蕴，曾写下《我是扬州人》《扬州的夏日》《说扬州》《看花》等与扬州有关的文章，扬州成为滋养其人格、养成其精神的重要精神源泉。

1992 年，在扬州市委、市政府关心指导下，朱自清故居经修缮后对外开放；2022 年正式挂牌扬州市廉洁文化基地；2023 年入选省级不可移动革命文物名录。故居占地面积 400 多平方米，有朱自清及其家人居住陈设展，也有朱自清的生平事迹展。故居年均接待游客数量达 20 余万人次，接待党政机关开展廉政教育、红色文化教育活动百余批次，举办廉洁文化展览以及自清文化系列研学游等活动 20 多场。有共建教育基地的合作单位几十家，赴全国各地开展“走近朱自清”文化讲座百余场。

“清芬正气传当世，选释诗篇激后昆。”如今朱自清精神已经凝聚成中华民族文化自信的重要精神象征，他的文学造诣、清风正气都将与日月争辉，同江河共存。

贴心向导

地址：扬州市广陵区安乐巷 27 号

开放时间：周二至周四 9：00—17：00

电话：0514－87331925

（撰稿人：臧波）

家风传承专线

太傅文达阮公家庙

家风润泽　传承后人

——扬州家风展示馆（并阮元家庙及宅第）

家风正则民风正，民风正则政风清。扬州 2500 多年的建城史上，生活着无数的忠厚人家，也孕育了众多的名门世家，他们对优良家风的坚守传承，赋予了扬州别样的精神气质。掩映在扬州闹市里有这样一条老街巷，名叫毓贤街，“毓贤”乃“育贤”谐音，指培育贤人之意。毓贤街为东西走向，其东临仁丰里，西接汶河路，全长 200 多米，宽 2 米有余。扬州家风展示馆便坐落在毓贤街的阮元家庙内。

一代完人阮元

说起扬州家风展示馆，不能不提阮元家庙及宅第。阮元家庙及宅第是江苏省文物保护单位，家庙始建于清嘉庆年间，是一个不可多得的清代建筑群，现占地面积 9000 多平方米，建筑面积 6000 多平方米，共分为东、中、西三路建筑。

阮元（1764—1849），字伯元，号芸台，江苏扬州人。乾隆五十四年（1789）中进士，选庶吉士，充詹事，升内阁学士。外放历鲁、浙学政，浙、赣、豫巡抚，漕运、湖广、两广、云贵总督。入朝，拜体仁阁大学士。以大学士致仕，晋加太傅。卒谥文达。

阮元乃一代鸿儒，治学领域涵盖经学、诗文、金石、校勘乃至天文、历算、舆地等领域，“主持风会数十年，海内学者奉为山斗”（《清史稿·阮元传》），梁启超称其为“达官中之真学者”。在仕途上，阮元活跃于乾隆、嘉庆、道光年间近半个世纪之久，被称为“一代名儒、三朝阁老、九省疆臣”。他将求真务实、经世济用的治学原则贯穿于从政生涯，所任之处，均勤政廉明、治绩斐然，被道光皇帝称赞为“极三朝之宠遇，为一代之完人”。

阮元虽位高权重，却始终以清廉自守，他的“廉”体现在三个方面，一是治家严，二是治吏严，三是律己严，所以乾隆帝夸他“明白老实”，嘉庆帝评价他“颇能整饬，守正才优”。阮元一生留下诸多廉洁故事，如在浙江任上严查府库亏空、在广东任上重视吏治不收“私税”等，其中最著名的，是其谢绝收受财礼，并由此有了“茶隐避寿”的典故。

所谓“茶隐避寿”，就是指每年到了阴历正月二十生辰这一天，阮元都会举家外出，到山间竹林等远离尘世之处，饮茶作画赋诗，以此闭门谢客，不接受他人贺礼。阮元八十二岁时，曾这样回顾自己的“茶隐”经历：“至臣四十岁时浙江巡抚任内，凡寿日皆茶隐于外。五十隐于漕舟，六十隐于兼粤抚之竹林，七十在黔溪雪舟中，终身避此哗嚣之境。及今八十二岁，茶隐于长芦庵，巧遇溪山瑞雪之景……”清廉之风，可见一斑。

阮元一辈子把有限的钱财用于刊刻文化典籍、资助贫困学子、赈灾救济难民等。他为官五十载，官至一品，却从未置办私家园林。致仕回故里后，两江总督兼两淮盐政梁章钜问阮元，不知相国府中之园如何，阮元笑曰：“我本无买园之力，即有资亦断不买园。扬州仕宦人家，无不有园者，郡人即以其姓名之，如张姓则呼为张园，李姓则呼为李园，若我有园，则亦必被呼为阮园，是诚不可以已乎。”诙谐幽默，一笑了之。

阮氏家风遗韵

清廉，是阮氏家教的核心内容，也是阮氏家族一贯的家风。阮元的祖父为武进士出身，官至参将，虽掌握大权，却能施以仁政；掌控着军饷，却坚持廉洁奉公。以致他致仕归乡后，家无恒产，窘迫时，夜无贮粮。阮元的父亲阮承信，因家境贫困，放弃入仕之途，但他穷不失志，尤重子弟教育。阮元在纪念父母的祭文中回忆，自幼常听父亲讲述《资治通鉴》中“成败治乱，战阵谋略”的道理。父亲时常教导他“读书当明体达用，徒钻时艺，无益也”，劝其“当为翰林”正派人。

有人借为其父拜寿之名摸去他的家，带着厚礼。阮父之问振聋发聩：“君奈何无故而为我寿，不恤千金？”“若曰有乞于吾之子，吾子受朝廷重恩，清廉犹不足报万一，而以此污之乎？”接着他厉声说道，“君以礼来，吾接君以礼；君以贿来，恐今不可出此门阈。”阮父身体力行，把捍卫儿子的“清白”看得非常重要。

阮元深受乃父遗风。道光元年(1821)在广东任上，阮元执掌六处官印。当年，次子阮福家中添丁，同僚属下纷纷前来祝贺，对于贺礼，阮元一概拒绝。次年，孙儿抓周之日，他用红笺写下了一首诗：“翡翠珊瑚列满盘，不教尔手亦相拈。男儿立志初生日，乳饱饴甘便要廉。”在阮元家庙，这样的诗句楹联并不少见，“春风大雅能容物，秋水文章不染尘”“六子三孙满庭爱日，一琴十鼓两袖清风”，这些语重心长的文字，体现了阮氏家族对清正廉洁的自觉追求。

蹄花开处，书香弥散。待到阮元的儿子阮常生为官时，时以家训自励。阮常生奉命办理宝华裕吉地工程，自己出钱租车，偕同老仆住在村民土屋中，自己烧饭做菜，从不打扰乡民。他出任清河道台时，虽权钱在手，但巡查所辖府州时，皆是轻车简从。严冬之夜，巡查各堡，仅备用一辆驿车、两匹马，两个仆人随行，宛若兄弟赶集。阮元次子阮福谨记“可不学八股，不可不学无术”的教诲，不做“饵名钓禄”之徒，遵父命改学经史诸文，撰有《孝经义疏补》《两浙金石志补遗》《滇南古金石录》等著作，成为名副其实的学问家。

阮元的家风和学风还惠及他的门生弟子。梁启超曾在阮元于广州兴办的“学海堂”求学，励志读书，精研汉学，会通古籍，萌发了“弃帖括之志”和“史学革命”的主张，成为清末学术大家和变法志士。

在当代阮元家族的后人中，同济大学建筑与城市规划学院教授阮仪三先生是杰出代表。改革开放之初，阮教授奔走大江南北，为保护江苏周庄、山西平遥、云南丽江等古城古镇的文化遗存作出重要贡献。

古今交融　家风泽远

家训传世，清风化雨。阮元家庙以其深厚的文化底蕴与卓越的家族风范，不仅树立了独树一帜的家风，还如同璀璨星辰，引领了更多家族效仿，共同编织出一幅幅丰富多彩的家风家训故事画卷。

为了更好地展示这些家风家训，2018 年，扬州家风展示馆在阮家家庙西侧成立并对外免费开放，占地面积约 400 平方米。展馆共有七大板块，包括序厅、“爱国爱家，竭忠尽孝”、“相亲相爱，勤俭齐家”、“向上向善，廉洁方正”、“重文重教，诗礼传家”、“共建共享，润泽邻里”和临展厅明礼堂，展馆后身的隋文选楼楼下辟为“家风讲堂”，成为展馆的重要延伸和补充。

扬州家风展示馆广泛搜集遴选扬州历代先贤、清官廉臣和普通百姓的优良家规家训家风故事，一一展示了深厚的扬州家风文化。

扬州家风展示馆入口

扬州家风展示馆展陈

展示馆共展出从扬州历史长河中精选出的 45 个人物，按照年代顺序进行编排，用 5 个精神丰碑将家风内容串联起来。他们中，古代有曾受到大儒阮元称赞的“六朝数伟人，谢傅名独震”谢安家风文化，“亮节孤忠、气壮山河”的史可法英雄家风，宝应王式丹、王懋竑“惟愿子孙辈宣力国家”忠于国家的家训，曾在清代扬州梅花书院任教的洪亮吉“孝悌仁厚”的家规；近代有仪征“盛氏三杰”之“走在人前，站在人前”的家训，以“清风劲节”立身的朱自清“心有家国，一身正气，崇德向善，清廉自律”的清廉家风；当代有“深学业、尚勤俭”的科学家束星北家风，有以满腔赤子深情援疆、“换来病人的健康和生命，我觉得这是天底下最值得做的事情”的“白衣圣人”吴登云新时代家风，还有“敬业奉献，博爱清廉”的高仁林家风，“情系国防好军嫂”陈巧云家风，“小巷总理”李华家风，“为学日益，树德务滋”黄叔怀书香味浓的家风，戈宝樘“勤勉研学，厚德处世”家风……从历代名人望族的家规家训，到当代百姓的嘉言懿行，虽然各自的家规家教形式不同，却都在传递着一个个家族甚至是一个时代的道德准则和价值取向。

扬州家风展示馆开放以来，已累计接待约25万人参观学习。家风讲堂面向学生和家长举行了系列国学讲座、研学、暑期夏令营等活动，是广大市民、游客接受家风文化和爱国主义教育的重要场所。2019年11月，扬州家风展示馆被省纪委命名为“江苏省廉政教育基地”。

扬州家风展示馆展示的典型，或居功不傲、严于律己，或廉洁奉公、清白传家，其优良家风世代相传、历久弥新，已凝结成正谊明道、崇德向善、忠贞诚信、耕读持家等扬州家风文化的鲜明印记。扬州将持续提升、用好家风展示馆，深入推进党员干部家规家训家风建设，推动形成党风政风、社风民风相互促进的良性循环，为扬州高质量发展凝聚强大正能量。

贴心向导

地址：扬州市广陵区毓贤街8号

开放时间：周一至周六9:00—17:00

电话：0514-82993377

（撰稿人：徐邦琬、叶静、祝小倩）

何以南河下　家风育后昆——南河下家风展示区

南河下历史文化街区位于广陵古城东南角，古运河绕街区而过。南河下街区成型于明代、繁盛于晚清。街区内现存南河下、丁家湾、苏唱街、新仓巷、大小流芳巷等老街古巷近30条，汇聚着18处名人故居，拥有市级以上文物保护单位32处，历史建筑109个。其中，全国重点文物保护单位3处，即何园、小盘谷、贾氏盐商住宅；省级文物保护单位3处，即岭南会馆、廖氏盐商住宅、周氏盐商住宅；市级文物保护单位26处，即四岸公所、平园、棣园等。

南河下是清代扬州盐商、官宦名流的聚集区，具有深厚的历史文化底蕴。特别是这些名门望族均有着明确的家风家训家规传承，构建了南河下街区的特色家风文化。书香传家的影响传承至今，从南河下走出去的博士、硕士就有100多名。

2017年，在市纪委的指导下，广陵区纪委精心打造了南河下家风展示区，覆盖街区0.55平方千米，沿路设置了37处家风展示点，将历代先贤的家训家规以展牌形式上墙，有力弘扬了扬州家风文化。

督抚家风　名门传承

晚清时期，先后有四位督抚级高官落户南河下，即两江总督周

南河下历史文化街区家风文化手绘地图

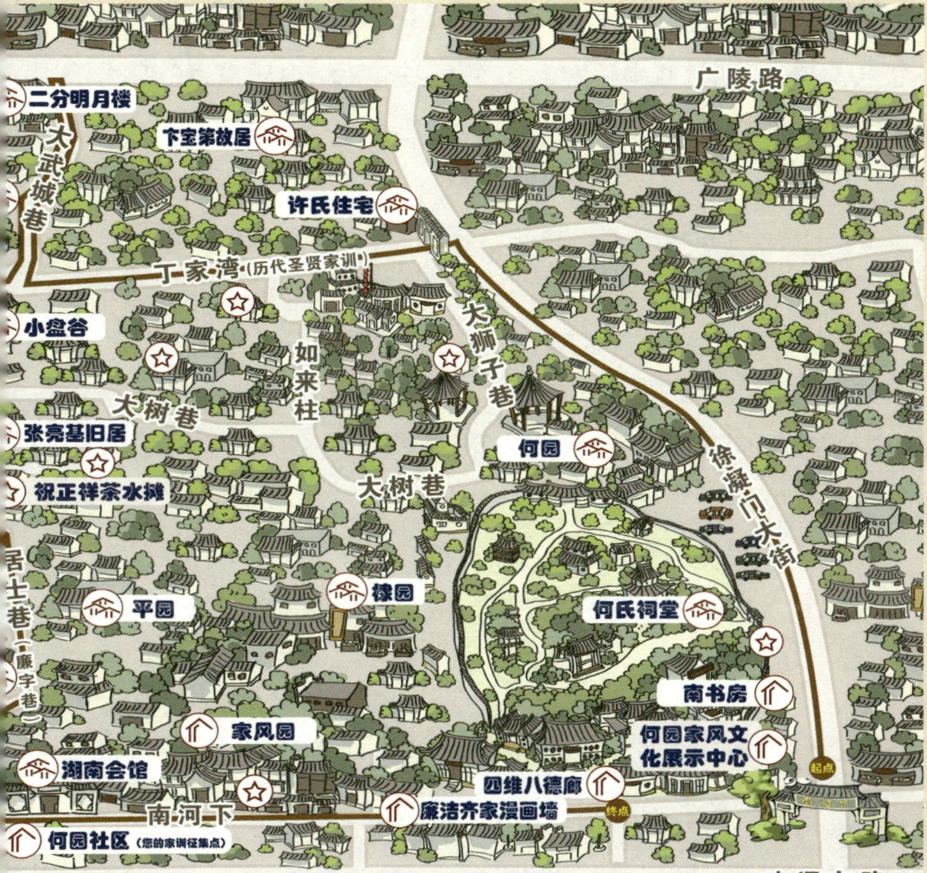
广陵路
二分明月楼
卞宝第故居
大武城巷
许氏住宅
丁家湾（历代圣贤家训）
小盘谷
大狮子巷
如来柱
大树巷
张亮基旧居
何园
徐凝门大街
祝正祥茶水摊
大树巷
居士巷（廉字巷）
平园
棣园
何氏祠堂
南书房
家风园
何园家风文化展示中心
湖南会馆
起点
四维八德廊
南河下
廉洁齐家漫画墙
终点
何园社区（您的家训征集点）
路
南通东路

馥、署湖广总督卞宝第、署云贵总督张亮基、广西巡抚张联桂。

周馥(1837—1921),字玉山,安徽建德(今东至)人。任李鸿章幕僚,因办事干练,深受其器重。参与筹建北洋海军,开办海军学校等。1888年,迁直隶按察使。《马关条约》签订后,自请免职。1899年复出,曾官两江总督、闽浙总督、两广总督等。民国十年(1921)病逝于天津寓所。

周馥的扬州宅邸名为"小盘谷",正门在丁家湾以南的大树巷,后门开在丁家湾。甲午战争失败后,周馥引疾辞官,光绪二十三年(1897),"八月移寓丁家湾新屋"(《周馥日记》)。扬州自古文风腾蔚,满城书香,归隐林下的周馥努力践行他人生旅途中的另一宏愿,把这座"以小见大"奥妙无穷的城市山林,打造成子孙们徜徉书海、乐而忘倦的"盘谷"之乡。

在小盘谷,周馥为教育子孙后代而撰写了一部散文体家训《负暄闲语》,该书分别从读书、处事、待人、治家等十二个方面提出了要

小盘谷

求和建议，在周氏后代的成长过程中起到了重要作用。周馥的子孙成就斐然，名闻天下。周馥长子周学海是著名医学家，著有《周氏医学丛书》，《清史稿》有他的附传；近代工商业最知名的“南张北周”之“北周”，就是周馥的四子周学熙。周馥的孙子周叔弢曾任全国政协副主席，孙子周叔迦是近现代著名佛教居士、学者。曾孙周一良是哈佛大学博士，胡适、陈寅恪的得意门生，为一代史学大师；曾孙周炜良是20世纪代数几何学领域的代表人物之一，以他名字命名的数学名词就多达7个；曾孙周以良是发现了70多个新物种的著名林学家……周馥家族子孙人才辈出，不胜枚举。

卞宝第（1824—1893），字颂臣，江苏仪征人。名宦之家出身，其父卞士云曾任浙江巡抚，卞氏扬州宅邸于道光年间购建，原占地面积约6000平方米，东始于广陵路195号（今消防队驻地），西至219号，南到小武城巷以北，北至广陵路沿街，与路北的梅花书院隔街相望。主房四路并列，中间夹火巷两道。卞宝第外甥、晚清名士陈重庆有诗记述：“兹园吾熟游，酩酊千百场。岂期四十载，重宴绿野堂。……忆坐松隐阁，春茗花瓷香。惟我最心契，对此称感伤。”

卞宝第咸丰元年（1851）中举，入赀为刑部主事，后升任闽浙总督兼摄福建巡抚、船政大臣、福州将军、陆路提督、福建盐政、福建学政，人称“七印总督”。卞宝第敢于直谏，胆识过人，处事果断，深得清廷嘉许，深受百姓爱戴。他坚持民族气节，支持抗击英夷侵略，是清廷“主战派”之一。他清正廉洁，“在官廉俸外一无所受，人莫敢干以私”。他痛心清廷腐败无能，多次以各种借口请辞回乡。1892年，卞宝第因船政经费被挪用筹建北京颐和园，愤而请辞回乡，次年

广陵路卞宝第故居

病逝。卞宝第的一生践行了“忠孝传家”的祖训，他的后代将家族堂号定为“忠贞堂”或“忠孝堂”，成为“忠贞世家”。

张亮基（1807—1871），字采臣，江苏徐州铜山人。道光举人。身处咸丰乱世，张亮基多年督师剿匪，功勋卓著，累有升迁，直至云贵总督。张亮基宅邸位于丁家湾20号。

曾国藩、左宗棠是晚清名臣，提携他们的正是张亮基。早年的左宗棠是一个失意书生，三次乡试均未考中，于是开始隐居生活。1852年，太平天国大军围攻长沙，省城危急之际，湖南巡抚张亮基想找高人帮忙。这个时候，有人推荐左宗棠，于是在张亮基的力劝下，左宗棠出山相助。张亮基性格宽厚，待人真诚，将军事悉数托付给左宗棠。

左宗棠“昼夜调军食，治文书”，“区画守具”，终使太平军围攻三个月不下而去，其一生的功名也就从此开始。太平军撤走后，张亮基眼见绿营军腐败，不堪其用，就想组织一支团练队伍，争取培养一支新式部队，对抗太平军。经左宗棠建议，张亮基决定让曾国藩来抓团练工作。当时，曾国藩是吏部左侍郎，正丁忧在乡。在张亮基的支持下，曾国藩开始组建团练，训练乡勇，成就了自己传奇人生。

张亮基不仅政绩斐然，而且治家有道，他的家训言简意赅、朴实无华，“食毕碗中无粒米。衣洁素，勿奢华”，“为善勿动心，为邪必动念”。

张联桂（1838—1897），字丹叔。五岁时，随其父张薰迁至扬州城厢南河下街西首定居。初为诸生，咸丰间，入赀为太常寺博士。后赴广西，历任同知、知县、知州、知府，转任广东、湖北道员，后又升任广西按察使、布政使、巡抚。他的一生，做遍各级地方主官，其为官勤能且清正，因其在巡抚任上对中法战争后的中越边界事、中日甲午战争事持卫疆、主战的态度和行为，被后人称为“爱国疆吏”。

清同治八年（1869），张联桂即将赴广西桂林府任盐运、水利同知。离行前夕，时任直隶知州的伯父张镕一再告诫：“汝此去必作州县，须为好官，勿贻祖宗羞。”路过扬州告别父母，其父张薰叮嘱：“官不易，荣辱全在汝。”对伯父、父亲的诫勉之言，张联桂牢记在心，以一生践行了“须为好官”之训。张联桂后人将其廉政、勤政、爱国、修身、齐家等方面的言行事迹进行了整理总结，清廉家风传承至今。

盐商家风　德润后代

南河下街区是晚清扬州盐商的集聚地，不少扬州盐商极其注重家风传承和子女教育，其中最有名的是许蓉楫。

许蓉楫（1865—1932），字云甫，光绪年间在扬州开设谦益永盐号，其旧宅位于丁家湾东侧。由谦益永盐号发起的扬州食商公会，便设在许家老宅的尊德堂中。扬州大小食商盐号在此秉持公义，抱团发展。民国初年，城旗变幻，货币频换，扬州市面风雨飘摇，他们向市面联合发放盐票，以代货币，稳定了市情，安定了民心。

1937年，日军铁蹄践踏扬州，盐号被封，商楼被抢，许蓉楫一家逃难到上海。有亲日分子在扬州新办盐号，为借许氏名望，多次派员赴沪许以重金，邀许蓉楫之子许少甫出山主事。许少甫怒斥来人：丢了民族气节，卖盐都不咸！

许蓉楫极其重视子女教育，为他们制定了家训，如“凡人局量器识，须要宽洪深重，廓然有容。横逆之至，非礼之加，受而消之，不介于怀。不可发人阴私谈恶，人胜己庶用意忠厚”。在良好的家风家训熏陶教育下，许蓉楫子女个个成才，特别是长孙许国志，是一名运筹学家和系统科学家。1955年，他与夫人蒋丽金放弃美国优厚的待遇，毅然返回新中国，同行者有钱学森夫妇等。回国后，他成为中国系统工程学会的主要创建人之一，夫人蒋丽金也当选为中国科学院院士。一门两院士，传为佳话。

历史深处　岁月光华

漫步于南河下历史文化街区，老井、砖雕门楼、古树随处可见，古宅遗迹俯拾皆是，众多保存完好的盐商宅第和会馆伫立在两旁，在这里，常会与历史上的人和事不期而遇。

在南河下街区，最有名的私家园林莫过于何芷舠所建的“晚清第一园”——何园。何芷舠(1835—1908)，名维键，字汝持，号芷舠，安徽望江人。1883 年，何芷舠由湖北汉黄德道兼江汉关监督的任上卸任，归隐扬州，购买了片石山房并扩建园林而居，建造了晚清时期独具特色的私家园林寄啸山庄，俗称“何园”。

何园的魅力不仅在于其精妙的造园艺术，更在于何氏一族的家风传承。何氏族谱记载着十一则家训，包含孝敬亲长、隆师亲友、鞠育教养、节义勤俭、读书写字、出处进退等方面的规则，映射出何家立身处世的道德理想与生存智慧，深刻影响着园主的后人，先后书写了“祖孙翰林”“兄弟博士”“姐弟院士”等佳话。

除了“晚清第一园”何园，南河下还散落着岭南会馆、湖南会馆、小盘谷、二分明月楼等众多保存完好的盐商宅第、会馆和私家园林。

100 多年前，在南河下街区新仓巷 37 号的絜园内，一部具有划时代意义的巨著在此编撰完成，这便是魏源的《海国图志》。魏源是晚清启蒙思想家、政治家、文学家，也是近代中国“睁眼看世界”的首批知识分子代表。魏源四十二岁在扬州买下絜园，絜园成为他后半生养亲、安居、读书、写作之地。《海国图志》详细叙述了世界各地和各国历史政治、风土人情，主张学习西方国家的科学技术，提出“师夷长技以制夷”的中心思想，间接影响了戊戌变法、日本的明治维新以及后来诸多深刻的社会变革。梁启超曾评价说：“其(《海国图志》)论实支配百年来之人心，直至今日犹未脱离净尽。”

继古开今，传承创新

结合广陵古城更新改造，2024 年广陵区纪委监委对南河下家风展示区开展提档升级工作，以“河下有盐家、风尚广陵客”为主题，从南河下历史街区丰富的家风资源中提炼出修身、治家、尚学、立业、报国五方面二十个核心要素，打造从丁家湾到广陵有盐街区沿途的贤官周馥、盐商许氏、盐商贾氏等名人家风文化展陈和小景，以及“南河下家风”和“魏源与扬州（絜园）”两个主题馆，将古城古朴生活与现代商业有机串联，让廉洁文化与现代文明交相辉映。

未来，南河下家风展示区将进一步提升改造，通过打造南河下家风展示线路、展馆等形式，充分挖掘、提炼南河下家风的深刻内

贾氏盐商住宅

涵,彰显扬州家风文化的独特魅力。同时,推进南河下片区更新改造,以适应古城文旅发展需求,通过创新载体形式,融入街区视觉整体风貌,使之成为融合廉洁文化建设和广陵古城文旅的一大亮点项目。

（撰稿人：费大洋）

读书励志　心怀家国——何氏学堂

何氏学堂位于扬州市广陵区徐凝门大街66号何园内，学堂以“传何氏家训，促勤政廉政”为中心，紧紧围绕《何氏家训》及“家风文化与廉政清风”主题，形成了一系列研学课程，从《何氏家训》中汲取精髓，赋予传统家风文化以现代意义。

“晚清第一园”

何园，又名“寄啸山庄”，是全国重点文物保护单位，并与北京颐和园、苏州拙政园同时入选首批20个国家重点公园。作为一座

何园

始建于清代中期的中国古典园林建筑，何园历史可以追溯到清同治元年（1862），最初这里是双槐园旧址，使其真正名扬四海的，是清光绪年间何芷舠的扩建与精心打造。

何芷舠，一位集官僚、盐商、隐者、教育家多重身份于一身的传奇人物，于清光绪九年（1883）辞官归隐扬州。他购得吴氏片石山房旧址，并在此基础上进行了大规模扩建，历时 13 年之久，最终建成了这座规模宏大、精美绝伦的园林——何园。

何园占地面积达 1.4 万余平方米，建筑面积 7000 余平方米。整个园林布局精巧，建筑精美，既吸取了中国传统造园艺术的精华，又巧妙地融入了西洋建筑的格调，形成了自己独特的风格。其中，镇园之宝——片石山房，其假山叠石出自明末清初大画家石涛之手，被誉为“人间孤本”。享有“天下第一廊”美誉的 1500 米复道回廊，是何园建筑特色之冠，在中国园林中少有，被业内专家称为“中国立交桥的雏形”。

何园之所以独具魅力，不仅在于其精彩绝伦的造园艺术，更在

片石山房

于其见证着何氏一族的历史变迁。走进何园，一幕由封建走向开明的世家大族兴衰荣辱的生活剧在此精彩上演，一部风云变幻的中国近代史丰富多彩的外传故事在此生动展现……

《何氏家训》

家风正则民风淳，民风淳则社稷安。《何氏家训》作为家风家规家训文化的生动载体，深刻展现了何氏家族浓厚的家国情怀。

据考证，《何氏家训》由何氏先祖、明代人何伦创制，传至何园园主何芷舠这辈，已历经 300 年之久，它同何氏族谱一道，为何氏后裔世代珍藏。何氏族谱记载的十一则家训，包含孝敬亲长之规、隆师亲友之规、鞠育教养之规、节义勤俭之规、读书写字之规、出处进退之规、待人接物之规、饮食服御之规、量度权衡之规、撑持门户之规、保守身家之规等内容。这十一个方面详尽地规范了家族成员的修身处世、待人接物之道，映射出何家立身处世的道德理想与生存智慧，深刻影响着园主的后人，何氏家族先后书写了“祖孙翰林”“兄弟博士”“父女画家”“姐弟院士”等佳话。

重视对子弟的读书教育是何氏家风的鲜明特点。《何氏家训》中“读书写字之规”是篇幅最长的一则，用一千多字详尽论述了读书治

祖孙翰林：何俊，何园园主何芷舠之父，钦点翰林院庶吉士，正一品封典，诰受荣禄大夫，覃恩晋赠光禄大夫；何声灏，何芷舠长子，授翰林院庶吉士。

兄弟博士：何世桢，何芷舠之孙，留学美国密歇根大学，获法学博士学位；何世枚，何芷舠之孙，被保送美国密歇根大学研究院，获法学博士学位。

父女画家：何适斋，何芷舠长孙，画家；何怡如，何适斋长女，画家。

姐弟院士：王承书，何芷舠曾外孙女，获密歇根州立大学研究院物理博士学位，曾任中国科学院数学物理学部委员（院士），为研制我国第一颗原子弹作出贡献；何祚庥，何芷舠曾孙，中国科学院院士、著名理论物理学家。

学之道。首先是敬，“子弟读书之成否，不必观其气质，亦不必观其才华，先要观其敬与不敬”；其次是习，“读书以百遍为度，务要反复熟嚼，方始味出”；再次是思，“必须讲后自己细看，着意研穷，潜思默究”。

位于何园东北角的翰林公子读书楼就是何芷舠一族重视子女教育的见证。楼为两层，右侧有一条蜿蜒的石头小径可攀登上楼，从楼上可见楼前船厅地面上用鹅卵石、瓦片铺成的水面波纹，寓意“书山有路勤为径，学海无涯苦作舟”。当年，何芷舠长子何声灏就是在这里发奋苦读，从江南乡试中脱颖而出后，又一举闯过会试、殿试、朝考大关，被皇帝钦点翰林，成就“祖孙两翰林”荣耀。在这种读书重教的家风影响下，何氏一族文脉兴盛，何芷舠不仅长子读书有成，另外两个儿子也都是饱学之士。何芷舠的第三代，长孙何适斋是颇有名气的画家；何世模从日本学成归来，成为中国银行的奠基者……

《何氏家训》还注重弘扬兴家兴邦的浩然正气与家国情怀。“节义之人,乃天地正气所钟”,家训把仗义守节当作全族的大事来议处,在对外交易中要求家族成员“心正而公”,严格自律不欺心。“出处进退之规”中提出人生“出则立业建功,以安天下”,但又要懂得“功成身退、知止知足”,践行“穷则独善其身,达则兼济天下”的儒家理想。

何氏几代人把人生理想融入社会进步的时代洪流,是对何氏家训家风的精彩实践和最好诠释。在何园奉养老母18年后,年过花甲的何芷舠带领全家前往上海,开启创业之路,期冀以自己的一技之长兴家兴邦。在上海,何芷舠不仅请博学先生为家族子弟教授儒学,还萌生出投资兴办高等教育的设想。1924年,在军阀混战、时局动荡的情况下,何世桢、何世枚遵循祖父遗愿,坚持自筹经费,在上海创办持志大学,开创我国私人创办现代高等教育的先例,坚持16年,为国家培育了不少英才。辛亥革命时,何世桢曾任孙中山先生法律顾问,是上海响应五四运动的组织领导者之一。何氏第四代子孙先后有6人加入中共地下党,4人参加中国人民解放军,投身革命事业。其中,何祚熙考入北京大学后不久,即担任南系文学院地下党支部书记,是党的思想政治工作的优秀代表。何芷舠曾孙何祚庥响应国家号召,从事氢弹理论研究,后来成为中国科学院院士。

特别值得一提的是,何芷舠曾外孙女王承书也深受何氏爱国家风的影响,冲破美国重重阻力,回国投身核事业。她是参与我国第一颗原子弹研制的科学家中为数不多的女性之一,曾被外界称作中国的“居里夫人”。媒体曾以《王承书:一生三次“我愿意” 隐姓埋名三十年》为题,回望王承书以身许国的感人故事。根据中国核事业需要，钱三强三次找到王承书，希望她将研究方向放在核事业最为需要的地方。在一次次面临改行、从零开始的艰难抉择面前，她用三个“我愿意”肩负起国家的重托，一生无私奉献书写报国誓言。

时代价值

《何氏家训》包含了中国传统家训的基本内容，贯穿着儒家修身齐家的基本理念，其对家庭、家教、家风建设的重视，更与社会主义核心价值观高度契合。《何氏家训》中对读书教育的重视，鼓励勤奋学习和持续自我提升，这与现代社会倡导终身学习、追求知识进步的理念相契合。同时，《何氏家训》还注重培养家国情怀和责任感，倡导在立业建功的同时，也要懂得功成身退、知足常乐，蕴含着知进退、平衡个人与社会的智慧。

2016 年以来，《中国纪检监察报》、《中国纪检监察》杂志和中纪委网站多次专题介绍何园的家风家规家训故事。专题片《江苏扬州何园：百年何园留规训》登陆中纪委网站后，引起较大社会反响。2018 年 11 月，北京清华附中五百师生曾踏入何园，并在“何家千金”的讲解下学习《何氏家训》。2024 年第 11 期《中国纪检监察》杂志刊发报道《读书励志　心怀家国——品读扬州何园的家风故事》，再次聚焦何氏家训。

2018 年以来，何园管理处共举办三届“何氏家训”文化节活动，取得了广泛的社会关注，《何氏家训》品牌效应得到进一步彰显。同时，何园管理处坚持开设“《何氏家训》大讲堂”，从《何氏家训》中提炼精髓，开发了多个研学课程，每年都能吸引近万名市民来到课

何氏学堂

堂学习《何氏家训》，传播正家风、严家教的理念。

为进一步加强新时代廉洁文化建设，2023 年 6 月，在市纪委指导下，蜀冈 - 瘦西湖景区开通了“运河清风”文化研学专线。专线以运河为主线、水上巴士为载体，从便益门广场码头出发，途经吴道台宅第院士博物馆、何氏学堂、运河三湾等研学点，串珠成链、水陆并进，让参学者在感受运河传统文化的同时，沐勤勉之风，悟清廉之道。

贴心向导

地址：扬州市广陵区徐凝门大街 66 号

开放时间：7：30—17：00

电话：0514 - 87920522　0514 - 87900345

（撰稿人：景纪轩、何源）

好家风成就好人生

——“好地方　好家风”沉浸式家风课堂暨“中国共产党人的家风”档案展

党员干部的家风，连着党风、政风、社风和民风。为有效发挥家庭助廉重要作用，筑牢家庭反腐倡廉思想堤坝，市纪委监委会同市委党校、市档案馆等有关部门，在三湾公园集中办公区3号楼二楼布置“中国共产党人的家风”档案展，打造“好地方　好家风”沉浸式家风课堂。

好地方　好家风——党员干部沉浸式家风课堂

沉浸式家风课堂

2020 年 11 月 13 日，习近平总书记亲临扬州考察，称赞“扬州是个好地方”，这既是对扬州的亲切赞许，更是对扬州的殷切期望。“好家风”是共筑“好地方”、成就“好人生”的重要土壤。在总书记亲临视察过的运河三湾开设家风课堂，就是要培育“好地方”的“好家风”，激励广大党员干部担当作为、实干争先。

家风课堂面积约 170 平方米，分为展厅和课堂两个部分。课堂以“小班式”教育为主要方式，要求党员干部及其家属作为学员同上一堂课，每班次约 15 个家庭参加，每堂课 90 分钟左右。课堂包含“观”“省”“悟”“谈”等环节，努力将说教式灌输变为互动式参与。

学员走进课堂，首先是参观“中国共产党人的家风”档案展，跟着讲解员，走进历史，沉浸式感受中国共产党人的传家宝——红色家风的魅力。好的家风引领人向上向善，不良的家风却会导致家庭支离破碎，进而败坏党风政风，影响社会风气。参观结束后，学员将集中观看家风主题警示教育片。片中的一个个案例，就发生在身边，发人深思，引人叹息，更让人发出感悟：一个家庭最宝贵的，究竟是什么？在观看一段心灵启迪短视频后，学员将在家风课堂敞开心扉，相互交流所学、所思、所想、所悟，共同进步，共同成长。

红色家风永流传

“中国共产党人的家风”档案展，是经中央档案馆、国家档案局同意，由扬州市纪委监委和市档案馆联合主办。展览分三个部分，共展出 27 位共产党人与家人的合影、往来书信、家规、谈话记录稿、追忆文章、工作笔记、题词、诗文等档案文献200多件。

第一部分为“老一辈革命家的家风”，展示了毛泽东、周恩来、朱德、刘少奇、邓小平、陈云、习仲勋等老一辈革命家与家人的合影、书信及家风故事，值得我们所有党员领导干部学习。

“老一辈革命家的家风”展陈

毛泽东主席是党的第一代中央领导集体的核心，是领导中国人民彻底改变自己命运和国家面貌的一代伟人。毛泽东是伟人，也是一位儿子、丈夫、父亲。“恋亲不为亲徇私，念旧不为旧谋利，济亲不为亲撑腰”，这是毛泽东的“家风三原则”。毛泽东严格的家风，历来为人们所称道。他定下的这三条原则，更是为全党作出了表率。

周恩来总理非常注重家风家教，曾专门召集家庭会议，要求家中晚辈要过好“五关”——思想关、政治关、社会关、亲属关和生活关。周家晚辈后来根据周恩来平时对他们的教育总结出来“十条家规”，正是守好亲属关的见证。周恩来和邓颖超共同生活半个多世纪，相濡以沫，他总结出了夫妻相处的“八互”原则——“互爱、互敬、互勉、互助、互信、互谅、互让、互慰”。

第二部分为“革命先烈的家风”，通过彭湃、殷夫、冷少农、方志敏、左权等9位革命先烈的家风故事，在他们一封封承载着战争年代记忆的家书中，寄托着对国家和民族的挚爱、对家人的无限思念、对子女的殷切嘱托，充分展示了他们坚定信仰、忠于理想、忠于人民、宁死不屈、舍小家顾大家的爱国情操和优良家风。

1935年，方志敏同志英勇就义时，只有36岁。他在狱中用敌人提供劝降的纸笔，写下了《可爱的中国》《清贫》《我从事革命斗争的略述》等动人篇章，饱含着对党、对祖国、对人民的爱，是我们党的宝贵精神财富。

第三部分为“新中国成立以来优秀共产党员的家风”，无论是焦裕禄、谷文昌，还是杨善洲、钱学森等，都展现了中华人民共和国成立以来优秀共产党员艰苦朴素、清白为官、为民奉献的优良家风。习近平总书记曾三次到兰考视察，要求广大党员干部学习弘扬焦裕禄精神，并提出向焦裕禄、谷文昌、杨善洲等同志学习，做好家风建设的表率。

焦裕禄对妻子和子女要求非常严格，坚守一生清廉、处世低调、严于律己、从来不搞特权的家规。1963年，焦裕禄拒绝有人为他的大女儿焦守凤安排的“好”工作，而是将焦守凤安排在最艰苦的岗

“新中国成立以来优秀共产党员的家风”展陈

位上锻炼，一干就是十几年。热爱劳动是焦裕禄最接地气的家风，下地干农活的劳动习惯，他一直坚持了很多年。他在兰考主持工作以后，不仅坚持与群众同吃、同住、同劳动，还把这种热爱劳动的家风传给了家人。

以清廉家风涵养优良作风

自 2024 年 8 月正式接受预约以来，“好地方　好家风”沉浸式家风课堂已经成为全市党员干部接受廉洁教育的重要载体，为有效增强党员干部廉洁从政、廉洁用权、廉洁修身、廉洁齐家的思想自觉发挥了重要作用。

只有常警醒才能常清醒。党员干部的成长离不开组织的培养和个人的努力，更离不开家庭成员的支持与帮助。一批批党员干部及其家属走进“好地方　好家风”沉浸式家风课堂，接受精神洗礼和心灵启迪，更加清醒地认识到哪些是不可或缺、哪些是身外之物，更加清楚地认识到哪些事情能做、哪些事情坚决不能做。

除了在三湾景区开设的市级家风课堂外，“中国共产党人的家风”档案展还在仪征市和生态科技新城等地巡展。当地也在档案展巡展的基础上，结合地方实际，打造出各有特色的沉浸式家风课堂。好地方、好家风、好人生，家风课堂提醒着党员干部，珍惜岗位、珍爱家人、珍重自己。

贴心向导

地址 1：扬州市三湾公园集中办公区 3 号楼二楼（大学南路运河三湾东门停车场北 100 米）

开放时间：周一至周五（9：00、10：30、14：30、16：00 各一场）

电话：0514－82982883

地址 2：扬州市生态科技新城游客服务中心北侧党史馆二楼

开放时间：周一至周五 9：00—12：00　14：00—18：00

电话：0514－82820661

地址 3：扬州市仪征市铜山街道铜山办事处前进村白沙清风家风文化园

开放时间：9：00—17：30（17：00 停止入园）

电话：0514－83413185

（撰稿人：卞春霞）

荷香清风专线

正气长存“风山园”——夏凤山烈士纪念馆

历史沿革

夏凤山烈士纪念馆，名为“凤山园”，位于扬州市宝应县柳堡镇团庄村。2019 年，为纪念宝应县中共党组织早期领导人夏凤山烈士，柳堡镇新建夏凤山烈士纪念馆，于 2020 年建成开放。

展厅分风雨如磐暗故园、上下求索报国路、此头愿向国门悬、星

夏凤山烈士纪念馆入口处

夏凤山烈士雕像

火照亮农奴戟、人生处处有青山、昭示后昆奏凯歌、崇高精神世代仰等七个篇章，展示了夏凤山烈士短暂而壮烈的一生，诠释了夏凤山烈士遵章守纪、克己奉公的崇高精神。夏凤山烈士纪念馆现为扬州市廉洁文化基地、党史教育基地和宝应县爱国主义教育基地。

夏凤山，生于 1907 年，原名夏祯聚，号奉三，曾化名夏春江、王络舟，宝应县柳堡镇团庄村人。他于 1927 年底入党，是宝应地区早期党组织领导人之一。他辗转于东台、泰州、上海等地开展革命活动，担任过中共东台县溱潼特支书记、中共高邮县委常委和中共上海浦东区委宣传部部长等重要职务。1930 年 8 月，因叛徒出卖被捕入狱。1931 年 11 月 18 日，在江苏第二监狱英勇就义。

踏入夏凤山烈士纪念馆，革命烈士夏凤山的雕塑屹立于主展厅正前方。展厅墙面上有“死有重于泰山，死有轻于鸿毛，但死得其所，死又何妨”这二十一字，气势磅礴。这是他在牺牲前，以手指为笔杆，以鲜血为墨汁留下的豪言，展现出他为党和人民胜利，坚定跟党走、至死不渝的信念。

凤山之星

夏凤山自幼聪慧好学，可命运多舛，四岁丧父，与母亲相依为命。1913年，在大哥夏寿山支持下，他入私塾读书。在艰苦岁月里，他边勤奋学习边帮母亲劳作，过着穷苦且常受饥荒困扰的生活。他目睹恶霸、土豪劣绅欺压百姓，这些残酷场景深深刺痛他幼小的心灵，也在他心中埋下为百姓谋福的远大志向。

1923年，正在私塾读书的夏凤山得知高邮界首创办了省立界首乡师。这所学校是当时全国仅有的五所乡村师范学校之一，夏凤山凭借自身努力和才华脱颖而出，以优异成绩被优先录取。入学后，他如饥似渴地学习，尊敬师长、团结同学，成绩优异。在三年乡师学习中，他常与老师参加学习活动，有幸接触到秦达真、姚舜生两位中共地下党员老师，并在他们的影响下开始了解《共产党宣言》等红色书籍，革命的种子由此在他心中生根发芽。

信仰之光

1927年，大革命失败，蒋介石背叛革命，大肆屠杀共产党人。在这危急关头，夏凤山深刻认识到只有共产党才能救中国。为了不暴露革命志向，夏奉三改为音近的“夏凤山”。在革命形势严峻时刻，他明知前路艰险，却毅然寻求地下党组织并秘密入党，踏上为革命事业奉献一切的征程。

1928 年,按上级党组织安排,夏凤山以教书先生身份为掩护,化名夏春江,担任溱潼区特支书记。当时东台国民党政府暗探密布,环境险恶,但他毫无畏惧,白天认真教学,夜晚穿梭于学校宣传我党革命真理。当地民众被他的热情所打动,纷纷送来米、面、油、烧草等生活物品,但被夏凤山婉拒。他诚恳地对乡亲们说:“你们比我还困难,我们要团结起来打倒国民党反革命,解救穷苦百姓,让大家过上好日子。这些东西请你们收回,谢谢你们的好意……”在离家百里的艰苦环境中,他不顾个人得失,坚守党性和纪律,冒着被抓捕的危险,在东台溱潼开展地下革命活动,成功发展了 60 多名共产党员骨干,为革命事业播下希望的种子。

烽火岁月

1929 年 2 月,因被溱潼国民党暗探跟踪,党组织将夏凤山调回高邮。5 月,任命其为中共高邮县委常委。高邮国民党政府县长徐草光企图拉拢他,给他高邮五区肖菱乡团董身份,夏凤山立即上报党组织,经研究同意后以双重身份开展地下工作。在高邮,他领导百姓斗争,斗土豪、分田地,解救受苦百姓。他深入学校组织学生罢课,到工厂组织工人罢工,向国民党政府讨薪,为百姓争取权益。为筹集党组织经费,他甚至劝说母亲卖田地、变卖家中贵重物品,为革命无私奉献,从不计较个人利益得失,尽显廉洁奉公的高尚品质。

1930 年 2 月间,因夏凤山在高邮的革命身份暴露,党组织将他转移至上海,化名王络舟,担任上海浦东区委宣传部部长。当时上海白色恐怖笼罩,但他毫不畏惧,在人群密集场所积极宣传革命真理。1930 年 8 月 11 日,因叛徒出卖,浦东区委遭到严重破坏,夏凤山不幸被捕。

传承之火

1931 年 10 月 18 日,夏凤山的妻子带着不到三岁的女儿来狱中探望。看到满脸鲜血、血肉模糊的夏凤山,妻子心痛如绞,泪流不止。夏凤山却嘱咐妻子要坚强,教育好女儿,传承好革命家风,多为民做好事,继承父辈革命遗志,永远跟党走,并给女儿取名夏遗传。

夏凤山牺牲后,同志、学友、亲友们秘密集会,沉痛哀悼。他们书写了夏凤山的光辉事迹,证实他为实现革命胜利信仰如钢、至死不渝。他严于律己、讲党性、树形象,不拿群众一针一线,引领百姓闹革命,他的革命精神和党性风格都记录于哀挽录中(原件珍藏于

妻女探望狱中的夏凤山

高邮烈士纪念馆）。

夏凤山家族中的两个侄儿受他影响，也走上革命道路。夏凤山的一生，是革命的一生、战斗的一生、廉洁的一生、奉献的一生。他如一座不朽的丰碑，矗立在世人心中。他的革命精神和崇高品德，是留给世人的宝贵精神财富。他廉洁奉公的事迹，如一盏明灯，照亮我们前行的道路，警示我们在任何时候都要坚守廉洁底线，保持清正廉洁的作风，不为利益所诱惑，为实现中华民族伟大复兴而努力奋斗。让廉洁之风吹遍中华大地，让革命先辈的精神永放光芒。

贴心向导

地址：扬州市宝应县柳堡镇团庄村

开放时间：周一至周五 9：00—12：00　14：00—17：00

电话：0514－88771007

（撰稿人：夏永先）

忆苦思甜　忆贤思廉　忆红思进——忆思园

历史沿革

忆思园位于“中国荷藕之乡”宝应县曹甸镇。曹甸是苏中闻名的革命老区。1940 年，刘少奇、陈毅、黄克诚在这里共同指挥了著名的曹甸战役。1944 年初，苏中区党委为了进一步巩固和扩大苏中抗日根据地，培养抗战建国人才，在曹甸金吾庄组建了苏中公学，粟裕、管文蔚、夏征农等担任校部领导。

1956 年，曹甸区党委发起建造四零烈士墓的号召，广大党员干部和群众踊跃捐款捐物，历时两年建成了曹甸革命烈士陵园。陈毅元帅为烈士墓亲笔题词，钟期光上将撰写祭文。2005 年，曹甸镇党委、政府又对烈士陵园进行了重建，2011 年新建了烈士陵园牌坊。

为弘扬苏中公学精神，继承革命传统，1994 年由曹甸镇政府筹资，苏中公学老校友和本镇群众捐款投资新建了苏中公学纪念碑、苏公希望小学一期工程。2010 年，在金吾庄筹建苏中公学纪念场所，设有苏中公学、曹甸战役、曹甸烽火三个展厅。

2015 年初，曹甸镇党委重新规划苏中公学纪念场所，在曹甸集镇农民公园旁新建江淮流域农耕博物馆、苏中公学展和曹甸战役展，全方位展示革命老区的传统文化和红色文化，教育引导广大党

苏中公学展陈

员干部“忆苦思甜、忆贤思廉、忆红思进”，故命名为“忆思园”。

曹甸战役

曹甸战役是1940年华中新四军发动对国民党韩德勤部的攻击战，是华中新四军、八路军总指挥部成立后指挥的首次战役，也是新四军武装开辟宝应的第一仗。曹甸战役从1940年11月29日开始，至12月16日结束，历时18天。

1940年，抗日战争处于战略相持阶段，国民党反动派掀起第二次反共高潮。盘踞在曹甸的国民党江苏省政府主席兼鲁苏战区副总司令韩德勤，会同山东南下的国民党军第一一二师霍守义部先后攻占了阜宁西南的风谷村、益林等地，企图接应第二十一集团军，继续向东扩张。为保卫苏北地区抗日根据地，华中新四军、八路军于11月29日，集中新四军苏北指挥部10个团，对曹甸地区韩德勤部发起攻击，相继扫清了蚂蚁甸、安丰、崔堡等外围据点，完成了对平桥、曹甸据点的包围。

12 月 9 日，进攻曹甸的战斗打响，陈毅亲赴前线部署战斗。13 日傍晚总攻开始，因地势平坦、河湾阻隔，韩部炮火猛烈，进攻受阻，八次进攻，未能奏效。15 日，攻围暂停，攻而未克。

在曹甸战役中，新四军、八路军以 2000 余人的伤亡，歼灭韩德勤部顽敌 8000 余人，虽然未能攻克曹甸，但新四军占领了平桥、泾河，沟通了与皖东的联系，同时，也打击了国民党顽固派的嚣张气焰，缓解了淮南根据地的压力。曹甸战役充分体现了我军将士不怕牺牲、顽强战斗的大无畏革命精神。

红色摇篮

1944 年，苏中区党委、苏中军区决定在原抗大九分校的基础上，创建苏中公学。新四军一师师长、苏中军区司令员粟裕兼任校长，苏中行政公署主任管文蔚兼任副校长，新四军一师一旅副旅长张藩任专职副校长、校委会书记，夏征农任教育长（1945 年 8 月任校长）。学校主要培养区以上干部，设政治、军事、文化等课程，学生主要来源于县区选送的干部、社会青年及沦陷区输送的青年知识分子等。学生按班、排、连编队，过供给制的军事生活，每期学习 6 个月。苏中公学先后办了五期，为军队和地方输送了 4000 多名干部。首批招收学员 600 人，分三个系，即军事系、政治系、文化系。当时的学员有著名作家海笑、沈西蒙等。

1944 年 6 月 1 日，苏中公学在曹甸金吾庄史家祠堂举行第一期开学典礼暨欢送抗大九分校最后一批毕业生。开学典礼上，首任校长粟裕发表讲话。

苏中公学坚持“以抗大校训为校训，以抗大校歌为校歌，以抗大校风为校风”。苏中公学条件十分艰苦，学员们不仅要学习理论知识，还要经常进行实战训练。苏中公学在金吾庄办学两年间，学员们系统接受了一系列的马列主义、毛泽东思想教育和反腐倡廉教育，是哺育学员成才成长的革命摇篮。

粟裕、管文蔚、张藩、夏征农等老一辈无产阶级革命家不仅为苏中公学的创办作出了重要贡献，而且在当地民众中也留下了许多感人至深、严于律己、廉洁自律的故事。

忆红思进

忆思园建筑面积 3000 平方米，共有三层。一层为江淮流域农耕博物馆，内分农耕馆、综合馆、民俗馆，主要展示本地区农业生产各阶段的用具、耕作形式以及农民生活情景。二层为苏中公学展，收藏、记录了当年苏中公学校友在曹甸金吾庄学习、训练、生产生活的史料和可歌可泣的人物事迹。三层为曹甸战役展，以生动的场景图片和革命文物呈现了那一段波澜壮阔的历史。忆思园全方位地展示了曹甸革命老区的传统文化、红色文化和廉洁文化，于 2015 年 11 月对外免费开放。

忆思园以丰富的革命文物、珍贵的历史资料、生动的表现形式，再现了苏中公学、曹甸战役的历史，展现了中华儿女为革命胜利孜孜以求和不怕牺牲的崇高精神，展示了老区人民不屈不挠的

忆思园外景

革命斗志。忆思园成为开展党员干部理想信念、人民群众爱国主义、廉政教育和青少年革命传统教育的基地，获评江苏省爱国主义教育基地。

贴心向导

地址：扬州市宝应县曹甸镇楚甸公园西侧

开放时间：周一至周五 8：30—11：00　14：30—17：00

电话：0514-88622151

（撰稿人：郝蕊）

苏中“小延安”——红枫园

历史沿革

红枫园坐落于扬州、淮安、盐城三市交界处的扬州市宝应县西安丰镇，又名“苏中革命历史纪念馆”。它宛如一首镌刻在苏中大地的红韵诗章，又似一座承载着革命记忆的神圣殿堂。

为铭记这段波澜壮阔的岁月，1997 年，西安丰镇党委、政府于西

红枫园入口标志

安丰镇兴安路南首入口处投资兴建红枫园。1999 年建成,2001 年在原址精心修缮后,于当年 7 月 1 日对外开放。场馆占地面积约 2 万平方米,室外布景近 1 万平方米,馆内布展面积超 1200 平方米,展品近 200 件,园东的红枫园设有 7 个展区,陈列着 100 余件实物展品。

2019 年 11 月,红枫园升级改造后重新开馆,占地面积约 2 万平方米,建筑面积达 3200 平方米。馆内设有 8 个展厅,实物资料达 300 余件,其中国家一级文物 1 件、国家三级文物 20 件。开馆以来,它如同一座红色灯塔,吸引了无数游客慕名而来,累计接待游客超 10 万人次。2020 年,西安丰镇启动红枫园三期工程——新四军文化园,倾力打造党建和红色文化、廉政文化培训基地,构建具有苏中革命文化主题背景的新四军文化主题场景,塑造“研、学、游”一体

新四军文化园一隅

的红色教育中心，进一步拓展了红枫园的红色教育功能。

苏中“小延安”

1941 年秋，新四军一师、六师以“挺进支队”和“淮宝支队”的名义，先后进入宝应开辟抗日根据地。1944 年 3 月，车桥战役胜利后，淮安、宝应以东纵横百余里全部解放，打通了苏中与苏北、淮南、淮北地区的战略联系，为苏中地区开创了一个稳定的后方基地，揭开华中抗战战略反攻的新篇章。苏中区党委、苏中行署、新四军一师师部暨苏中军区以及所属的苏中党校、苏中公学、《苏中报》社等 20 多个单位扎根于宝应西安丰境内。车桥战役胜利后，西安丰地区成为连接淮北、淮南、苏中、苏北的枢纽，仿若革命之路的十字街口。

当时新四军领导部分驻扎在西安丰境内，如新四军政治部主任邓子恢、新四军六师师长兼政委谭震林、苏中区党委书记兼一师师长粟裕、苏中区党委副书记陈丕显、一师副师长叶飞、一师政治部主任兼苏中区政治部主任钟期光、苏中行署主任管文蔚等，西安丰至此成为苏中地区的政治中心和军事指挥中心，因驻扎着众多的新四军领导机构，而被誉为苏中“小延安”。

从 1944 年 3 月 16 日到 1945 年 11 月，中共苏中区党政军领导机关，在宝应县境内驻扎了一年零七个多月时间。尽管这段历史是短暂的，但是留给宝应人民的精神和物质财富却极其宝贵。老一辈革命家们带领苏中百万军民在这片水乡热土打击日军、收复国土，一步步走向辉煌。

红枫园宛如一部生动的史书，将这些故事一一记录下来，让后

红枫园鸟瞰图

人能跨越时空,真切地触摸到当年革命斗争的伟大与悲壮。

廉洁奉公

新四军与西安丰人民群众结下了深厚的“鱼水情”。退休教师、义务讲解员陈以和说:“当时粟裕就住在固晋村五组乐夕之家。乐家腾出东厢房让粟裕夫妇居住,堂屋给粟裕及师部作办公用。”在固晋村的日子里,粟裕发现农民缺少农具,即安排部队的能工巧匠收集木料,制作了几十条木船和水车,分发给农民。

在红枫园的馆藏中,有一份极为珍贵的历史见证,它虽看似平凡,却有力地彰显了共产党队伍始终坚守的廉洁奉公精神以及执行群众纪律的严格性。

1943 年春,新四军五十二团一部驻扎在宝应安丰区宥城乡境内。一日，部队因驻地缺烧草而面临做饭的难题，管理员当即便去寻找乡长高尚志帮忙解决。高乡长出于对部队的关心，觉得拿捆草本是小事，并无大碍。然而，新四军的管理员却坚守着“新四军不拿群众一针一线”这一铁的纪律，坚决不肯随意取用。在他心中，群众的一针一线皆是百姓的心血，绝不能因任何缘由而违背纪律。于是，管理员坚持要对取用的烧草进行称重，严格按照实际用量来处理此事。就这样，他们在马维驹家称了五斤烧草，可当时管理员身上并未带钱，他毫不犹豫地写下了一张欠条，郑重承诺日后定会如数归还。

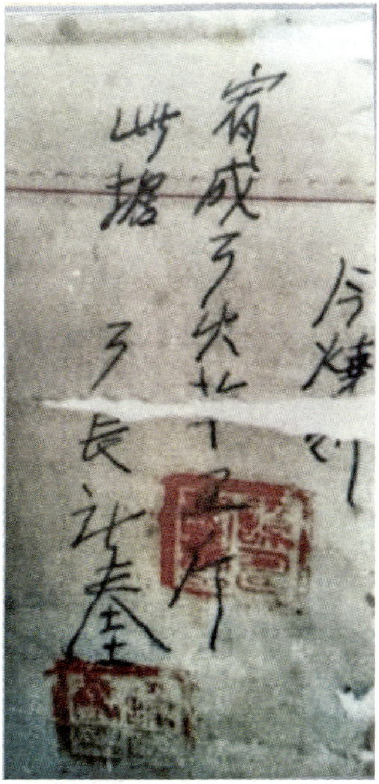

1943年，新四军向群众马维驹家借用草料所打的欠条（红枫园馆藏）

1996年，在筹建红枫园之时，老党员陈以和积极参与资料征集工作。他回忆起当时的情景，感慨万分：“我们到马维驹家征集资料，他家后人说许多实物都没有了，我们就提醒哪怕巴掌大的一张纸片也行，他终于想起来了这张欠条。”这张欠条，不仅仅是借用五斤烧草的记录凭证，更是共产党队伍廉洁奉公、严格遵守群众纪律的生动写照，是一座屹立不倒的道德丰碑，时刻提醒着后人要坚守廉洁自律的底线，传承先辈们的优良作风。

红色血脉

红枫园以丰富的文物、详实的史料和生动的形式，展现了新四军在苏中英勇抗战的历程，成为党员干部廉政理想信念教育、群众爱国主义教育和青少年革命传统教育的基地。

开馆以来，累计有数十万人次走进这里接受红色教育。红枫园获评扬州市爱国主义教育基地、扬州市廉洁文化基地、扬州市党史教育基地，是集教育培训、参观游览、住宿餐饮于一体的红色教育基地。

如今，红枫园所承载的这些革命历史故事，不仅仅是对过去的缅怀，更是对当下的警示。新四军严格执行群众纪律，不拿群众一针一线，深刻地启示着我们，廉洁是一种坚守，是对原则的不离不弃，是对人民的郑重承诺。我们应当以革命先辈们为榜样，在面对各种诱惑时，坚守廉洁自律的底线，秉持公正无私的态度，始终保持队伍的纯洁性和战斗力。只有这样，才能无愧于革命先辈们用鲜血和汗水换来的和平与发展，让红枫园所蕴含的红色精神在廉政建设的道路上绽放出更加耀眼的光芒。

贴心向导

地址：扬州市宝应县西安丰镇兴安路南首

开放时间：周一至周五 9：00—12：00　14：00—17：00（周二上午闭馆）

电话：0514－80890017

（撰稿人：黎媛）

清风廉韵　文脉传承——宝应学宫

历史沿革

宝应学宫位于宝应县安宜镇小新桥 25 号。

学宫，也称为文庙，是古代的学校。宝应学宫始建于南宋嘉定年间，由时任宝应知县的贾涉组织修建，现占地 3200 多平方米，是历代祭祀孔子的祠宇，也是传承儒家经典的学校。它曾几次毁于战火。明、清两朝都对它进行了重建，是江淮地区唯一现存的格局较

宝应学宫大门

为完整的学宫，2019 年被列为省级文物保护单位。它不仅是扬州地区的一张独特文化名片，更是淮河流域乃至更广泛区域内弘扬廉洁文化、传承儒学精髓的重要载体。

宝应学宫自建宫以来，便成为宝应地区传播儒学思想、培育人才的重要基地。在清代，宝应学宫迎来了其最为辉煌的时期。康熙、乾隆南巡时均曾亲临学宫，留下了他们对学宫及宝应文化的认可与赞赏。进入近代，宝应学宫虽历经风雨，但其在地方教育与文化传承中的作用依然不可小觑。特别是近年来，随着对传统文化的重视与保护力度的加大，宝应学宫被赋予了新的生命，成为传播廉洁文化的重要阵地。

寓教于景

学宫主要建筑有迎秀门、状元桥、泮池、棂星门、戟门、大成殿、明伦堂、磊英堂、文昌祠、尊经阁、鼎甲坊等，因多次毁于战火，现存的只有迎秀门、泮池、棂星门遗址、戟门、大成殿等。走进宝应学宫，每一座建筑都承载着深厚的历史与文化内涵。这些建筑不仅具有观赏价值，更蕴含着深刻的儒学精神和教育意义。

迎秀门作为学宫的正门，象征着学子们迎来人生的新篇章，状元桥则寓意着通过努力与才华能跨越障碍、登上人生巅峰，这些建筑依次排列在中轴线上，展现了古代学宫的庄重和气势。泮池与棂星门是学宫中的点睛之笔。泮池，传说是孔子的砚台池，也就是洗毛笔的地方，寓意在这里读书、学习的学子如池里的鱼一样，有朝一日便鱼跃龙门，金榜题名。棂星门则象征着文星下凡、启迪智慧，寓意孔子是文星下凡，象征孔子可以与天上实行教化、广育英才的天镇星相比。戟门是整个学宫建筑群的正门，“立戟为门”一般是显贵之家或显赫的官署，可见学宫在人们心目中的地位。戟门的西边是碑亭，位于宝应学宫门前小广场。《重修儒学碑记》刻成于康熙五十六年(1717)，时任宝应知县刘显功撰文赞颂梁柱相等捐俸修建明伦堂、棂星门等建筑的事迹。中间的是学田碑，吏部左侍郎兼翰林院学士李天馥撰文，记载着徐立庵兴学田、供养学子治学科举的事迹。最东边的一块碑，碑首残缺未见碑名，已无从考证。这几块碑刻见证了宝应学宫的发展历程，也为研究清代科举提供了实物依据。过了戟门，有两株银杏树，经历了四百多年的沧桑岁月，仍然生机勃勃。大成殿作为学宫的核心建筑，占地面积 600 平方米，建

大成殿外景

筑面积 234 平方米，是历代祭祀孔子的重要场所。

廉吏辈出

作为地方官学的重要代表，宝应学宫承担着培养人才的重任。明清两代 500 多年间，学宫成为宝应历史上培育精英人才的摇篮。

在古代科举制度的推动下，宝应地区涌现出了一大批杰出的科举才俊。从明永乐十九年（1421）高昭京试得中，成为宝应历史上第一位进士，以后明清两朝共考中进士 54 人，举人 202 人，贡生 502 人，才俊阵容蔚为大观。尤其是状元王式丹、榜眼季愈、探花朱士彦，使宝应一县之内三鼎甲俱全，实为历史罕见。

宝应学宫曾经培养了大批人才，从宝应走出去的数百位在外为

三鼎甲牌匾

官的学子，如仲本、朱应登、乔可聘、朱士彦、刘台拱、王懋竑、成肇麟等，无一不是学术有成、政绩非凡、清正廉明，他们的成就不仅为宝应赢得了荣誉与尊重，更为后人树立了廉洁自律、勤奋好学的榜样。1802 年，邑人王希伊筹建鼎甲坊，纪念当时文人荟萃的盛况。上书“鹏抟九万”出自庄子《逍遥游》“鹏之徙于南冥也，水击三千里，抟扶摇而上者九万里”，大鹏展翅高飞九万里，寓意奋发有为、志向高远。鼎甲坊的矗立，不仅是对这些科举才俊、学术大儒的纪念，更是对宝应地区重教兴学、人才辈出的颂扬。

值得一提的是，宝应儒学代表朱士彦与其弟朱士达、朱士廉连中进士，人称“兄弟三进士”。朱氏家族入仕为官者，多清正廉洁、政绩卓著、为民称颂，被誉为“二十世诗书门第，五百年忠厚人家”。

生于学教，承于学教，而居于学教，这正是宝应学宫留给后人最大的价值。学子们在这里不仅学习儒学知识，更通过日常的学习与生活传承廉洁精神。

儒廉辉映

如今的宝应学宫，不仅是一座具有深厚历史文化底蕴的儒学古建筑群，更是一个传播文明、弘扬正气的教育示范基地。

在古代，廉洁自律是官员们的基本操守，也是儒家思想所倡导的重要品德。宝应学宫的明伦堂通过展示历代清廉官员的事迹与精神风貌，激励后人传承和发扬廉洁文化。参观者不仅可以了解到古代官员如何以民为本、勤政爱民，还能深刻体会到廉洁自律对于个人品德修养和社会和谐稳定的重要性。学高为师、身正为范，他们在追求功名与学问的同时，更注重个人品德与道德修养的提升，宝应学宫成为儒学氛围中体现“清风廉韵”的廉洁文化教育基地。

清风廉韵写春秋，文脉传承源流长。宝应学宫作为一座集儒学传承、文化教育、廉洁示范于一体的综合性文化基地，不仅是历史的见证者，更是未来的启迪者。

贴心向导

地址： 扬州市宝应县安宜镇小新桥 25 号

开放时间： 周二至周日 8：30—11：00　15：00—17：30

电话： 0514－80836390

（撰稿人：倪学萍）

朱氏家祠大门

为官十五世　清廉四百载——宝应朱氏家祠

历史沿革

宝应朱氏家祠位于扬州市宝应县城小石头街 8 号，占地面积 700 平方米，建筑面积 500 平方米，由三进两厅、一殿两庑、两院及东西门廊构成，计有房屋 19 间。朱氏家祠始建于清代光绪年间，是宝应朱氏十八世祖朱寿镛等兄弟 6 人，为祀奉先祖方伯公朱士达、先父荣禄公朱百祥而建。因先祖朱士达于湖北等地任布政使，所以家祠依明清布政使称呼惯例，又称“朱方伯公家祠”。

明清时，这里崛起了一个鼎盛四百余年的名门望族——宝应朱氏,名重海内,享有“江淮文献巨族”之盛誉。

朱氏家族家风高亮,家族中众多清正廉洁的官员名垂史册,他们留下的清正为官、勤政为民的事迹为人称道,催人自省。古祠更是见证了朱氏家族从元末明初到明清时期的辉煌成就。其先祖早先居住在苏州,元末明初,为了躲避战乱,始祖八三公迁居宝应,至今已经传承25世、600多年。明成化十三年(1477),朱氏五世祖朱讷高第中举,宝应朱氏始登科第,世代相继,明清两代出了进士7人,举人18人,贡生数十人。尤其在清代,有“鼎甲探花”朱士彦、朱士达、朱士廉“兄弟三进士”,其中为官者都清廉爱民,为老百姓所称赞。

朱氏家族文脉悠远,薪火相传,人才辈出,涌现出许多书画家、理学家、文学家等等,前有朱讷儒学起家,六世祖朱应登、七世祖朱曰藩承前启后,都以文学道义著称。十六世祖朱士彦、朱士达虽然身居高位,但体贴百姓,诗文中都不乏表现百姓疾苦之作,实在难能可贵。

宝应朱氏家祠现为江苏省文物保护单位、扬州市廉洁文化基地。

清廉家族足以垂范

朱氏家族成员的杰出成就不仅为家族赢得了崇高的声誉,更为宝应地方文化的繁荣与发展作出了重要贡献。“为官十五世,清廉四百载”是宝应人对朱氏家族的广泛赞誉。明清两代,朱氏家族更是达到了辉煌的顶峰,其中影响最大的人物要数朱曰藩、朱士彦、朱士达。

明朝嘉靖年间进士朱曰藩，官至九江知府，为官近二十年，推行多项惠民政策，深受百姓爱戴，人称“真父母”。朱曰藩当了多年知府，两袖清风，在九江知府任上过世，留给后辈的只有几匣子书，连丧葬费都没有，最后还是一位谪戍九江的同乡资助，才得以扶柩归里。但是他留给后人的精神财富，却比任何物质财富都丰富。清朝嘉庆年间探花朱士彦，累官至左都御史，工、吏、兵诸部尚书，是一个集“清、慎、勤”于一身的完美官员。他一生尽忠职守、为民操劳，最终累死在任上，道光帝称赞他“性情直爽，办事公正”。曾国藩每过宝应，必到宝应朱氏府邸——天官府拜谒他的座师（明清两代举人、进士对主考官的尊称）朱士彦，他永远不会忘记朱士彦将其名由“子城”改为“国藩”的那份情怀。国藩，国之藩篱，这是一位座师对于门生的期待，同样也是朱士彦对后世子弟的期待。嘉庆进士朱士达，在霍山知县任上以清正廉洁著称。他严于律己，拒腐防变，深受百姓爱戴。离任时，百姓依依不舍，攀辕挽留，垂泪而别，其景感人至深。朱士达的清廉事迹被绘入《攀辕图》，广为流传，成为后世学习的典范。这些生动鲜活的故事，不仅激励着朱氏后人不断进取、奋发向上，同时也对宝应地区乃至更广泛范围内的社会风气产生了积极的影响。

文献巨族大师代出

朱氏家族不仅在政治上有着卓越的贡献与成就，还在文化与学术领域同样取得了丰硕的成果。朱家文人众多，有“一门兄弟三进士，两代世家五车书”的美誉。家族成员中不乏才华横溢的文人墨客与学者专家，他们的著作广泛涉及经、史、子、集等各个领域，为后世留下了宝贵的文化遗产。

朱氏家族有名扬海内的文学家朱应登、朱应辰、朱曰藩三先生，其中又以朱应登、朱曰藩的成就为最。朱应登是明代十才子、金陵四大家之一，郁兴一代之体。朱曰藩与吴承恩齐名，史称“射阳湖上双璧竞爽”，创“金陵六朝派”，为“明嘉隆中流砥柱”。

宋学大家朱泽沄，著述等身，首创宝应学派，为扬州学派先驱，在清代学术界享有盛名。经学大师朱彬，被清代训诂学家王念孙誉为“传注功臣”。他所编著的《礼记训纂》，为清注十三经代表作之一，林则徐作序，给予其“撷其精要”“援据精确”的高度评价。

据统计，朱氏家族的代表著作多达200多部，这些著作不仅展现了家族成员深厚的学术功底与创作才华，更为宝应学派乃至整个学术界的发展作出了重要贡献。朱氏家族的学者们不仅在各自的研究领域取得了突破性进展，更通过与同时代名士学者的广泛交流与深入合作，推动了学术文化的繁荣与发展。“凡涉及海内文献，必及宝应朱氏”，近代学者曾经这样评论宝应朱氏对我国传统文化的贡献及其学术地位。

清正家风影响深远

朱氏家族宗族庞大，支系纷繁，历来非常重视家教的培养和家风的传承。家族成员深知“修身、齐家、治国、平天下”的道理。在长期的家族发展过程中，特别注重个人品德修养与家族道德规范的塑造，逐渐形成了“崇尚德行、清廉自守”的家风传统，家族中流传

正殿祭祖厅

东侧庑房

着许多关于清廉、勤勉、孝悌的家训故事与典故。家族中每天早晨的“庭训”制度更是一项独具特色的传统。长辈们会在庭院中聚集家族成员，亲自传授家族历史、家训家规以及为人处世的道理。这种面对面的教育方式不仅加深了家族成员对家族文化的认同感与归属感，更使得家风家教得以深入人心、代代相传。

此外，朱氏家族还通过亲订辈序的方式来勉励子孙后代。如十五世祖朱彬便为长房、三房子孙亲订了“励学身修，尽忠惟孝，祖训敬听，儒门远绍”的辈序，二房、四房辈序为“生孙诚庆，世守祖德，绍文献之家声，秉忠良为国柱”。这种独特的命名方式不仅体现了朱氏家族对子女教育的期望，更使得家族成员在日常生活中时刻铭记家族传统与先辈教诲。“二十世诗书门第，五百年忠厚人家”，正是宝应朱氏家族齐家之道和为官之道的生动写照。

“绵世泽莫如厚道为善，振家声还是勤勉读书。”宝应县以朱氏祠堂为载体，打造廉洁文化教育基地。2018 年 2 月 11 日，中央纪委监察部网站“家规”栏目，播出了《江苏宝应朱氏：为官十五世　清廉四百载》专题片。

贴心向导

地址：扬州市宝应县小石头街 8 号

开放时间：8：30—11：00　15：00—17：30（周二闭馆）

电话：0514－80836723

（撰稿人：倪学萍）

步步生“廉” 荷园香远——荷园

历史沿革

荷园位于扬州市宝应县射阳湖镇水泗集镇的西侧，园区面积达2万多亩。荷园分为烟柳长堤、农趣岛、荷文化体验基地、芦荡迷宫、拓展区、音乐草坪广场、荷品种园、百莲好荷园等景点，栽培荷花品种达数百种。园区内河渠纵横，水网密布。从空中看，荷园内众多的道路与河流构成一个巨大的荷花图案，十分壮观，体现出设计师巧妙的构思。无数荷叶就像是绿色的星星，分布在荷园内的每一处水面。在荷花密布的水面上，是一条曲折的木制栈道，栈道从湖面的一边延伸到对岸，横跨整个水面；栈道侧面的栏杆是枣红色，显得沉稳而传统。在荷园，满眼都是生机勃勃的荷叶与荷花，水陆交通便利，自然环境优美，原始河湖纵横，人造景观独特，享誉

荷园

海内外。

水泗位于宝应县东荡，地处扬州、盐城、淮安三市交界，有“水乡泽国”之美称。水泗荷藕，自唐代至今已有 1200 多年历史，明初已有种植荷藕的记载。每逢中秋佳节，民间有选用一上等连枝藕供奉月亮和吃藕饼的习俗。清雍正年间，水泗藕粉被选为皇室贡品，誉为“鹅毛雪片”。1998 年，以水泗乡为主要荷藕生产基地的宝应县被部委命名为“中国荷藕之乡”。

荷园于 2003 年被省立项作为自然生态项目加快建设，近年来，宝应县政府、射阳湖镇政府在深度开发自然景观的同时，加大旅游设施的投入，荷园风光更加旖旎。荷园又投入 100 多万元扩充近 400 亩的自然景观，在园内的东湖建成了垂钓中心，设有钓鱼台、凉亭等，西湖上正在建 300 米的木质栈道、新式茶社、藕产品展览馆等。

清风荷韵

“出淤泥而不染，濯清涟而不妖。”莲，因其冰清玉洁、高风亮节的品质，被世人以莲喻“廉”。

荷园中的“廉园”，在原有咏荷馆、藕香居及广场、农家菜园等设施的基础上扩建，占地面积共 36 万平方米，其中建设面积 3000 平方米。建有室内、室外剧场和展馆，亲水平台和莲花造型的岛屿，令人耳目一新。莲花步道独辟蹊径，新增标识标牌和廉政主题的宣传牌、红莲造型宣传装置串联其间，烘托渲染了鲜明的廉文化氛围，伴随荷园的美好景色，香飘四溢，声名远播。

漫步园区，随处可见的大小特色景观，给人印象深刻，游客们置身如画的生态自然风景中，接受了一场清廉文化的洗礼，身心愉悦，获益多多。立足于“荷润桥”“咏荷台”，吟诵古今关于荷的诗文，心旷神怡。“莲馨小剧场”带来不一样的观影感受，不间断上演的小淮剧、微电影寓教于乐，生动展示宝应当地以及全国各地廉政建设方面的人物与故事。

“清风湖畔”廉政文化人物馆彰显特色。为进一步反映射阳湖的特色文化，厚植勤政廉政文化根基，人物馆以坚强、情怀、包容、坚贞、才情、睿智、守正等七个板块展示了射阳湖历史上的先贤代表。其中有古代射日救百姓的后羿、奠定丝绸之路格局的臧旻、檄文载史册的陈琳和射阳断冤案的叶夔等等。除此之外，还列举了富不淫、贵不骄的王敬则，射阳侯项伯，才华不输班固的臧洪等先贤。他们或以德著，或以廉称，或以勤显，或以直闻，写就了百代流芳的佳话，留下了千古不灭的人生辉煌。

“荷美大舞台”巧妙借景，与湖岸融为一体，备受人们喜爱。漫步在莲廊上，心似莲花开，清风自然来。“亲荷台”以荷花为鉴，启迪思考，引人自省。

亲荷台

“荷乡红帆”创意取自党史。1921年，一条小船上诞生了一个伟大的党，从此，中国革命之船扬帆起航。登临红船，让人倍加珍惜如今的美好生活，感念先辈为之付出的艰辛努力。

荷乡“廉”花

荷和莲，“莲”乃花中君子，“廉”为人之正品，“莲”与“廉”既谐音，又同表高洁；“荷”与“和”读音相同，寓意和谐、“和而不同，美美与共”。从古至今，百姓都以“一品清莲”来表达对清官的赞誉，党员干部亦应当以周敦颐先生倡导的莲花“不染”“不妖”“不蔓”“不枝”“不可亵玩”的“五不”思想为立身原则，并以之为明镜，内化为修养，升华为信仰，初心一点清如莲。

宝应县以“莲”倡“廉”，以“荷”促“和”，着力打造“荷乡清风”

廉洁，让我们更美好

特色廉政文化，全面营造廉荣贪耻的氛围，激发党员干部内心廉洁自律，促进廉洁宝应建设。党员干部在“咏荷台”上重温入党誓词、回望初心使命，让自己的内心似莲瓣慢慢打开，开出一朵圣洁的荷花，结出一个饱满“莲”蓬，最终收获一次激浊扬清“廉”之行。荷园廉文化教育基地开园以来，吸引了县内外各级党组织前来开展廉洁文化教育，使“廉洁，让我们更美好”的理念更加深入人心。开园当年就接待来自全国各地参加“不忘初心、牢记使命”主题教育的党员干部万余人，反响强烈，效果显著。

贴心向导

地址：扬州市宝应县射阳湖镇冲林村

开放时间：周一至周日 8：00—17：00

电话：0514－88571688

（撰稿人：彭成）

邮城清风专线

立百年家声　集训诂大成——高邮王氏纪念馆

历史沿革

江苏高邮是全国历史文化名城，在城区西后街的中段有一处文物保护单位“高邮王氏故居”，这里是清代乾嘉学派代表人物、训诂学大师王念孙、王引之父子的故居，至今已近 400 年。1983 年，高邮县在王氏父子故居的基础上建成了高邮王氏纪念馆。

高邮王氏纪念馆的抱柱上有一副楹联：“父子一门乾嘉绝学；宋明以外训诂大成。”高邮王氏父子作为清代语言学的集大成者，在文

高邮王氏纪念馆

字、音韵、训诂、经学等方面都颇有建树，为中国古代训诂学的发展作出了重要贡献。二人所著《高邮王氏四种》立说谨严，博大精深。梁启超评价王氏父子是“清学第一流大师”“一代宗师”。

近年来，高邮大力实施“聚文化人”工程，为进一步扩大高邮王氏父子的知名度和影响力，多次对纪念馆进行局部修缮，逐步恢复历史原貌。高邮王氏纪念馆展陈提升工程，围绕“治家、治仕、治学”三个方面，从注重历史信息延续性和可识别性的角度出发，对纪念馆进行全面布展。虽未完全恢复王氏家族鼎盛时期的原貌，却是在原址上修复、还原、扩建，并运用现代展陈设计理念和新颖独特的展示手段，将王氏家族的历史、王氏的学术成就及王氏家风家训进行立体呈现。

高邮王氏纪念馆目前分为故居和新馆部分，分为齐家篇、廉政篇、治学篇，设立廉政文化教育展厅、训诂学展厅等。馆内采用了多

“戬榖”影壁

媒体技术，从多方面、多角度展现了王氏父子的别样风采。同时，广泛开展形式多样的科普活动，增强了参观者对王氏父子所倡导的廉政文化、所从事的训诂研究的认同感。“高邮二王”在“训诂学”方面的学术成就固然为人称赞，但他们更以勤于政事的贤守形象被后人敬重与追慕，他们在修身、齐家、为官等方面的勤勉、求真、正直、廉洁影响着一代代的后人。

家学渊源　治学谨严

王念孙父亲王安国（1694—1757），字书臣，雍正二年（1724）以殿试一甲二名榜眼及第，历任翰林院编修、侍讲，广东学政，都察院左都御史，广东巡抚，直至兵部、礼部、吏部尚书等职。王念孙幼年丧母，王安国将他带在身边，不仅亲自指导他阅读《尚书》《尔雅》等书，而且告诫他在“立言”的同时更要注重“立身”。王念孙 10 岁读完十三经，接着又通读了《史记》和《资治通鉴》，这些奠定了他坚实的学术研究基础。王念孙在 32 岁考中进士后，“里居，以著述为事，常谢绝人事。独居湖滨精舍，穷搜博采者四载有余”。《广雅疏证》开始写作后，王念孙以注释《广雅》为日课，每日疏证三字，寒暑无间，十年粗成，后人称之为“日三字为程，阅十年而书成”“一字之证，博及万卷”。《读书杂志》82 卷，王念孙前后花了 20 多年光阴，从未间断，特别是他 67 岁致仕后到 89 岁逝世这 20 多年间，不事杂事，一意著述，完全沉浸在学术研究中。

受家风熏陶和父亲的言传身教，王引之也勤于治学。王念孙在儿子王引之童年时，就命令其亲手抄录《童蒙须知》放在床头，让他从小诵读默念，不忘祖父嘱托，读书治学，修心进德。他 5 岁“读书湖滨丙舍”，34 岁中殿试第三名(探花)，38 岁“擢侍讲”，43 岁“晋翰林院侍讲学士”，54 岁“充会试总裁”，55 岁“充朝考阅卷大臣”，62 岁“充武英殿正总裁”……王引之《经传释词》，同样是训诂学方面的不朽之作，他遍搜九经、三传以及周、秦、西汉书中之虚字，凡百六十字，分字标目，共十卷。

王念孙曾经告诫后学说：学问、人品、政事三者一以贯之，这个“一”就是“实”。王氏父子求真务实的治学之道，可为一证。

自费查勘漕务

王氏父子塑像

王念孙自幼受父亲王安国影响，谨遵祖训，忠厚做事，淡泊名利。王念孙曾奉命巡视漕务。当时，钦差出巡一般都要有驿船接送。王念孙却轻舟简从，宁可自己掏盘缠也不愿乘驿船。随从不解地问：“大人，咱们是奉旨查勘漕务，为什么不用驿船呢？乘驿船又快又安全，还不用自己花钱。”王念孙说：“乘驿船最大的缺点是沿途大轰大嗡,我们根本看不到漕务的真实情况。”一些官员为了掩盖问题,千方百计地贿赂王念孙。王念孙从不为金钱所动,坚持秉公办差。巡视到淮安时,王念孙的盘缠快用完了。他对随从说:“我修书一封,你上岸赶到高邮家中找夫人,让她想办法筹集一点。”深明大义的王夫人吴氏接到信后,二话不说,变卖了自己的一副金镯子,所得银两全部带给了王念孙,使他顺利完成了这次勘察任务。王念孙的清廉、正直令百姓们赞不绝口,也影响和教育着儿子王引之。

父子合力参劾和珅

王念孙、王引之父子曾联手参劾贪官和珅。嘉庆四年(1799)正月初三,乾隆帝去世,不久,王念孙就冒着满门抄斩的巨大危险,带着奏本参劾和珅。当王念孙决意写奏文时,因为不知嘉庆态度,左右为难。和珅是乾隆的宠臣、权臣,现在乾隆尸骨未寒,就查办其宠臣,嘉庆怕不怕沾上不孝之名?王念孙既想参倒和珅,又不能得罪皇帝,实在难以两全。而此时“时间就是生命”,一旦和珅得知内情后“反扑”过来,后果不堪设想。危急时刻,时任翰林院编修的王引之在一旁提醒父亲说:“在罗列和珅罪状之后,再加上‘臣闻帝尧之世,亦有共、驩,及至虞舜在位,咸就诛殛’。”王念孙听后连声叫好。这几句话好在何处呢?它好就好在把和珅比作尧时代的奸臣共工和驩兜,这一来,就顺理成章地把乾隆比作尧,把嘉庆比作舜。既然如此,惩办和珅,就既不会影响乾隆的“威望”,也显示了嘉庆的“英明”,正可谓“三全其美”。

王念孙在大量调查研究的基础上，列举出和珅种种罪状，感动了嘉庆皇帝，最终铲除了和珅。正月十八，嘉庆便赐和珅自尽。王氏父子合力参倒和珅，被天下人誉为“凤鸣朝阳”。

作为训诂学家，王引之与王念孙齐名，二人并称为“高邮二王”；作为父母官，儿子王引之也与父亲王念孙一样，关心百姓，廉洁奉公。如今，高邮王氏纪念馆也成为我市的廉政教育基地。王念孙和王引之父子谨遵“修心明德，不与流俗”的家风，他们以敬业清廉的政治品德、博大精深的学术成果，为家族赢得了声誉，也影响着无数后人。

贴心向导

地址：扬州市高邮市西后街 21 号

开放时间：9：00—17：00（周一闭馆）

电话：0514－84647976

（撰稿人：郭明月）

运河古镇的烽火岁月

——华中雪枫大学旧址(邱一涵事迹陈列室)

界首,古称盂陵,已有一千年以上的历史,是高邮北部的交通枢纽和商贸重镇,也是大运河畔一颗耀眼的明珠。华中雪枫大学旧址位于高邮市界首镇太平街,现为江苏省重点文物保护单位。2014年7月,界首镇对旧址进行修缮布展,并于2015年4月25日建成对外开放。邱一涵事迹陈列室利用华中雪枫大学旧址展馆房屋进行改造建设,于2021年7月建成开放。华中雪枫大学旧址和邱一涵事迹陈列室,如今已成为一座集革命传统、爱国主义、国防教育、廉政教育于一体的综合性教育基地。

军队教育史上的一道绚丽彩虹

华中雪枫大学旧址展馆由彭雪枫半身铜像、主展室、警卫室、办公室、校长室、张崇文寝室、邱一涵(彭小枫)寝室和当年作为掩护用的临街门面房等部分组成。主展室集中反映了华中雪枫大学在艰苦卓绝的战争环境中,开展军事教学、教育群众的革命历程。

1938年11月26日,新四军游击支队司令员兼政治委员彭雪枫在河南杞县傅集创办了新四军游击支队随营学校,彭雪枫兼任校长。1940年3月18日,随营学校扩建为抗日军政大学第四分校,

彭雪枫半身铜像

张崇文寝室

彭雪枫继续兼任校长。学校坚持边教学边作战,积极培训适应抗战需要的人才,办学水平不断提高,培训规模达到数千人,是新四军成立最早、历时最长的一所学校。

1944 年 9 月 11 日,彭雪枫在战斗中不幸牺牲。为了纪念彭雪枫的历史功勋,1944 年 10 月 12 日,华中局和新四军政治部决定将抗日军政大学第四分校命名为雪枫军政大学,由新四军第四师师长张爱萍兼任校长。

抗日战争胜利后不久,内战开始,华中军区急需一所综合性大学为全军培养各类军事人才。界首镇因党组织活动较早、群众基础好、战略地位明显,是苏中相对稳定的后方,成为首选地。1946 年 4 月,华中军区将辖区内的雪枫军政大学、苏中公学、华中野战军随营学校合并,在高邮界首镇成立"华中雪枫大学",由华中军区副司令员、华中野战军司令员粟裕兼任校长,张藩、张崇文任副校长,吴咏湘任教育长,邱一涵任政治部主任。在抗战烽火中成长壮大的雪枫军政大学,数易校址、几易校名,发展成为今天的陆军最高学府——中国人民解放军陆军指挥学院。

拉着马尾巴过长征的女红军

邱一涵事迹陈列室从"峥嵘岁月,巾帼风采""侠骨柔肠,大爱情怀""春风化雨,德润心田""宽严兼济,模范执纪""普通一兵,永葆本色"等五个方面,以翔实的文献资料、丰富的实物展示,动静结合、图文并茂、全面生动地讲述了邱一涵战斗的一生、光辉的一生。

邱一涵,原名邱信贞,曾用名李晏温。1907 年出生于湖南省平江

邱一涵事迹陈列室

县芦洞乡丁家源村，是中共党史上第一位女县委书记，是中央红军经过二万五千里长征考验的三十位女红军之一，曾任华中抗大四分校政治部主任、华中雪枫大学政治部主任、华东军政大学政治部主任，是抗大唯一的女政治部主任，也是解放后江苏省首任纪委书记、监委书记。她经历了平江起义、湘鄂赣斗争、首战长沙、五次反“围剿”、万里长征、创建红大和抗大，参与创建陕甘宁边区模范抗日根据地重要组成部分——陇东抗日根据地。她的身影还穿越了抗日战争、解放战争的烽火硝烟，见证了中华人民共和国的诞生。在建设新中国的征途上，1956 年 11 月 2 日，她积劳成疾，倒在中共江苏省委常委兼省纪律检查委员会书记的岗位上，被民政部评为革命烈士。

侠骨柔肠，大爱情怀

1928 年，袁国平以中共湖南省委巡视员身份被派往湘鄂赣特委任常委兼宣传部部长和代理书记,经常在平江一带活动,与邱一涵一见钟情。第二年经组织批准,22 岁的邱一涵和 23 岁的袁国平结为伉俪。甜蜜的爱情激发出巨大的革命热情。1930 年 7 月至 8 月,在红三军团占领长沙的 8 天时间内,夫妻俩共同奋战,出版《红军日报》6 期。1940 年“三八”国际劳动妇女节,二人被新四军军部评为“模范夫妻”。

不幸的是,1941 年 1 月,时任新四军政治部主任的袁国平在震惊中外的皖南事变中壮烈牺牲。1944 年,时任新四军第四师师长兼政委的彭雪枫壮烈牺牲。骤然失去丈夫和战友,给邱一涵造成了巨大的心灵创伤,但接连的噩耗并没有击垮她。为了帮助彭雪枫的妻子林颖克服困难,邱一涵把彭雪枫的遗腹子彭小枫接到身边,像对待亲生儿子一样悉心呵护。而她自己唯一的儿子袁振威 8 个多月大就被送回湖南老家由奶奶刘冬秀抚养。直到 1946 年底,邱一涵在上海治病期间,党组织了解到她思念儿子心切,通过地下党从湖南接出了她已经 7 岁的儿子。

邱一涵在经历骤然失去亲人以及骨肉分离所产生的巨大痛苦后,将悲痛转化为对党和革命事业的更大热情,以共产党人博大的心胸,将母爱奉献给革命大家庭中的战友和他们的亲人,真正展现了一颗坚强的妻子的心、一颗伟大的母亲的心、一颗真正的共产党人的心。

宽严兼济,模范执纪

邱一涵在党的纪检战线,善于把执纪的严肃性和对犯错误同志的关心爱护有机结合起来，坚持实事求是和“惩前毖后、治病救人”的原则，达到既弄清思想又团结同志的目的。作为江苏省第一任纪委、监委书记，她的工作经验对我们党在执政条件下如何开展纪检工作具有开创意义。1944年，按照上级党组织的统一部署和要求，抗大四分校举办了干部整风轮训班。在邱一涵的主持下，轮训班始终坚持以教育引导为主，帮助干部澄清历史问题，消除思想疙瘩，提振革命精神，从政治上、组织上、思想上达到了新的团结。

普通一兵，永葆本色

作为一名资深的老党员、老革命、老红军，邱一涵始终保持我们党艰苦奋斗的优良传统，从不以功臣自居，生活上以苦为乐、以苦为荣，并以自己一贯的优良品德和作风，教育和影响子女等身边人。据邱一涵战友回忆，有一次部队在战斗中缴获了一些罐头，后勤部门悄悄给她留了几罐。她严肃批评教育了相关人员，并派人转送给患病而缺少营养的学员。有人不以为然地说她这是“老一套”，她诚恳地说：“这个老一套是党的优良传统，万万不能丢！”在抗大四分校，邱一涵是旅级干部，可以享受“小灶”待遇。其实所谓“小灶”只是外加一碟萝卜或白菜炒一点肉片什么的，然而就是这么一点菲薄的特殊待遇，她也坚持与大家一道分享，哪怕让别人夹上一两筷，她也感到由衷的高兴。

邱一涵在艰苦的战争年代百折不挠、勇往直前的坚韧毅力，在思想教育工作中循循善诱、润物无声的工作艺术，对战友和同志关爱备至、温暖如春的大爱情怀，在党的纪检战线铁面无私、宽严相济的原则立场，在和平建设时期不忘初心、简朴清廉的优良作风，以及对党的事业忠贞不渝、鞠躬尽瘁的奉献精神，是一份十分珍贵的红色遗产，时至今日，仍是爱国主义教育和廉洁教育的生动教材。

贴心向导

地址：扬州市高邮市界首镇太平街 87－89 号

开放时间：8：30—11：30　14：30—17：00（周二闭馆）

电话：19851462189

（撰稿人：高雅、胡迪、许峰）

寻红色足迹　忆光辉时刻——侵华日军向新四军投降处旧址

历史沿革

侵华日军向新四军投降处旧址位于高邮市熙和巷 70 号，始建于民国十九年（1930），原是英国人开设的教堂，是一座中西合璧的建筑，最初其顶端呈圆形状，雕立“雄鹰”一只。这里原来是高邮中山公园所在地。1939 年 10 月 2 日，日军侵占高邮后，在公园内拉上铁丝网，将公园内的大礼堂变成其驻军司令部。因这支日军部队的代号为“洪部”，于是将礼堂改称“洪部大楼”。

侵华日军向新四军投降处旧址

1945年8月15日,日本天皇下诏宣布无条件投降。然而到了12月份,踞守在高邮县城里的日伪军仍然拒绝向新四军投降。新四军华中野战军经请示中央军委批准,于12月19日发起高邮战役。26日凌晨,日伪军缴械投降。随即在“洪部”礼堂举行了驻高邮日军受降仪式。高邮战役是中国共产党领导下的新四军对拒不投降的日伪军所发起的一场战斗,已被载入史册。

中华人民共和国成立后,高邮县政府将受降地改为公园礼堂,后又改建为羽毛球训练馆。2014年12月26日,侵华日军向新四军投降处旧址对外开放。旧址展陈面积达500多平方米,以照片、实物、油画、场景等形式展示了高邮战役的全过程。旧址分为战前形势、运筹帷幄、战役过程、受降仪式、制胜法宝、战役意义等六个展厅,展现了新四军战士骁勇善战、勤政廉洁的优良作风,人民群众积极支前的感人场景,谱写了一曲军爱民、民拥军、军民一家亲的胜利凯歌。2015年,侵华日军向新四军投降处旧址经党中央、国务院批准为国家级抗战遗址;2016年,被评为扬州市爱国主义教育基地;2021年,被评为扬州市党史教育基地、江苏省党史教育基地;2022年,被评为扬州市廉洁文化基地。

战前局势

高邮县城位于苏中运河东侧,南临扬州,北向“两淮”(淮阴、淮安),是运河线上的一座军事重镇,有“运河大门的铁锁”之称。1939年10月2日,日军侵占高邮城后,一直派重兵把守。1945年8月侵华日军投降后,高邮城内驻有日军1000余人,伪军约5000

人。高邮城以南30千米处的古镇邵伯，驻有日伪军约1500人；高邮与邵伯之间的车逻坝，也驻有伪军一部。扬州和泰州两地均驻有日伪军重兵。日本宣布无条件投降后，国民党企图独吞抗战胜利果实，一面命令侵华日军不得向八路军、新四军投降，收编全部伪军；一面急调兵力向我解放区推进，抢占地盘。12月，国民党第二十五军进占扬州后，随时准备北进高邮，然后向“两淮”进犯，并命令高邮日伪军不得擅自弃城。高邮城内的日伪军有国民党撑腰，更加猖狂，对新四军送去的通牒置之不理。

解放高邮

为了粉碎日伪军的阴谋，保护华中解放区和人民生命财产安全，1945年12月，新四军华中军区司令员张鼎丞、副司令员粟裕、政治委员邓子恢、副政委谭震林，以及华中分局常委兼组织部部长曾山，联名致电中共中央，建议发起高邮战役，并很快得到批准。

12月19日，参加该战役的华中野战军第七、第八纵队和地方武装共15个团全部到达指定地点。晚七时，我军在南北40千米、东西20千米的战线上同时发起攻势。陶勇指挥第八纵队向高邮城外围之敌展开了猛烈攻击，六十四团从北面突破敌人外围层层屏障直逼城垣，六十六团、七十团和高邮团从东北方向先后攻破敌人利用双庙、泰山庙、关帝庙构筑的防御工事，六十八团从南面采用单刀直入的战术消灭了城外的大部分敌人。到20日中午，高邮城外围的据点，除净土寺塔外，均被扫除，日伪军龟缩在城里，处于我军的围困之中。净土寺塔是一座七层宝塔，建于明朝万历三

攻克净土寺塔场景展陈

十四年(1606),日伪军在塔上构筑工事,居高临下,俯瞰全城,我军想要攻克下来,殊为不易。为了攻克净土寺塔这个据点,我军用棉被包裹着桌子做成“土坦克”匍匐前进,同时用大炮轰击,最终拿下了这座宝塔。2006 年,施工队在修缮净土寺塔时,在塔身上方发现未爆的哑弹。

在八纵扫清高邮城外围据点的同时,七纵等指战员在粟裕统一指挥下,于 21 日在南线发起攻势,一夜之间攻克邵伯等日伪据点,野司特务团攻克了车逻坝,切断了高邮日伪军南逃的退路。

此时,为了减少伤亡,我军一面积极进行攻城准备,一面发动强大的政治攻势,以瓦解日伪军斗志。12 月 25 日晚,进攻高邮城的总攻正式打响,3 颗绿色信号弹突然划破天空,20 多名司号员一起吹响了冲锋号,攻城部队从高邮城西北、东、南三面发起总攻。直至 26 日凌晨四时,日伪军缴械投降。被日军盘踞 6 年之久的古城高邮终于获得解放,回到了人民的怀抱。

高邮战役共歼灭日军约 1200 人,其中生俘 900 人左右;歼灭伪军 5000 多人,其中生俘 4000 人左右;缴获大小炮 60 多门,各种枪械 4000 余支，弹药数十万发，其他战利品无数。

受降仪式

12 月 26 日，华中野战军第八纵队政治部主任韩念龙代表新四军，主持在日军“洪部”礼堂举行的驻高邮日军受降仪式。在灯光黯淡的大厅里，早已摆好一张长桌，长桌左面中间站着的为韩念龙，右边中间站着的为日军代表岩崎学大佐。一向不愿张扬的粟裕司令员及随从就挤在我方战士中观看受降全过程，直至结束才微笑着悄然离开。三天后，也就是 12 月 29 日，粟裕接见了投降的日本军官，在场的日本军官都惶恐地站起来向粟裕敬礼，岩崎学大佐更是将本来得到许可可以带回日本的祖传宝刀紫云刀，敬献给仰慕已久的粟裕司令员。

在侵华日军向新四军投降处旧址上复原的受降仪式场景

深远意义

华中野战军指战员们克服兵力不占绝对优势、日伪军防御工事坚固等困难，创造了新四军战史上克敌制胜的奇迹，取得了高邮战役的胜利。其根本原因是新四军战士们发挥了骁勇善战、不怕牺牲的豪迈气概，再加上长期以来的优良作风，获得了当地老百姓的大力支持，军民万众一心、同仇敌忾，最终取得了胜利。

侵华日军向新四军投降处旧址，自对外开放以来共接待了 450 多万名海内外观众，其中政府、军队、学校、社区、企事业单位及各社会团体超过 3.3 万批次。旧址不仅见证了高邮战役的胜利，也见证了日军成建制向新四军投降的历史，更见证了中华儿女抵御外敌浴血奋战、不怕牺牲的爱国主义情怀，让红色精神代代相传、发扬光大，对启迪教育后人有着深远的意义。

贴心向导

地址：扬州市高邮市熙和巷 70 号

开放时间：8：30—17：30

电话：0514-80366266

（撰稿人：徐高菲）

红色热土的精神丰碑——周山烈士纪念馆

红色乡镇

周山镇是以周山烈士名字命名的革命老区。革命战争年代，许多中华儿女为了民族独立和人民解放，前仆后继、英勇奋战，用青春热血染红了这片土地。据不完全统计，这里有二百多位革命先烈长眠于此。周山烈士就是其中典型的代表。

1984 年 4 月，周山乡党委、政府作出兴建周山烈士纪念碑和周山革命烈士纪念室的决定，并在 1985 年 4 月举行了揭牌仪式。历

周山烈士纪念馆

经几次改造，周山烈士纪念馆于2019年清明节前夕正式对外开放（现为扬州市党史教育基地）。英烈墙上刻有在周山镇牺牲的129位烈士的姓名。

在周山烈士纪念馆门厅处的房顶上，设计师在党徽周围设计了29颗星星，以纪念周山烈士在29岁时壮烈牺牲，象征周山烈士短暂的一生、战斗的一生、光辉的一生。

战斗青春

周山，原名周中奎，乳名安澍，1917年8月22日出身在浙江省定海县芦花乡的一个乡绅家庭。之所以改名周山，是因为他在年少时背井离乡参加革命，为了不忘记自己的家乡，改名周山。

周山自小受到父亲的启蒙，热爱学习，追求真理，7岁进入家乡的延武小学读书，13岁以优异的成绩考入定海中学，也就是现在的浙江舟山中学，在那里接受了先进的西方民主、科学、博爱思想。中学时期的周山，聪明好学、积极上进、热爱文艺，在钟悌之等一众革命导师的熏陶下较早地接触了马克思主义的基本知识，接受了先进的革命思想。

1935年秋，周山结识了中共早期党员、刚从南京国民党监狱释放不久的叶进明，将其视为良师益友，经常出入左右，向叶进明求教革命真理。此时周山的思想也由爱好文学转为关心时局、关心国家民族的命运。

1937年七七事变爆发后，国内形势日趋紧张。7月底，日军进占平津，与此同时，日本正式将上海列入其既定的作战计划。8月13日，淞沪抗战正式打响，上海煤业界组成煤业救护队，周山担任排长，成为全队最积极、最活跃的领导骨干之一。他冒着生命危险，带领队员去战场救护伤员、送慰劳品、分发传单，不知疲倦地在前线一直艰苦工作了三个月。

1938年春，煤业救护队在皖南岩寺正式编入新四军。同年5月，周山由叶进明、余继良介绍，加入了他向慕已久的中国共产党，成了一名光荣的无产阶级先锋战士。

黄桥战役结束以后，为建立巩固的苏中抗日根据地，党组织决定从部队选派一批优秀干部，参加地方政权建设。1941年，周山被派到中共苏中三地委任社会部部长兼公安处处长和机关直属营参谋长。同年秋，调任地委组织部部长，为各县区选拔、输送了大批德才兼备的领导骨干。

1943年春，周山调任中共苏中一地委（辖江都、宝应、高邮等县）组织部部长，成为地委书记韦一平的得力助手。

此后，周山又在泰兴黄桥路南地区组织发动群众积极开展反“清乡”斗争，在刘坝头搞新乡制选举试点，建立了“三三制”抗日民主政权。苏中地区推广了这个试点经验。1944年12月，周山调任苏中区党委社会部部长兼苏中行政公署保安处处长。

抗战胜利后，周山担任华中军区政治部锄奸部部长，后又一度担任“两淮”（淮阴、淮安）公安局局长。1946年秋，新四军在取得“七战七捷”的重大胜利后，实行战略大转移，主力北撤山东。周山和少数领导骨干奉命留下，成立中共华中工作委员会，在国民党占领区开展艰苦卓绝的敌后斗争。

1946年10月初，国民党纠集数十万军队向苏北解放区大举进攻，形势十分严峻。在这种危急情况下，中共华中工委决定让各部部长下到各地委，以加强各地委反击国民党的斗争。此时的周山肺病尚未痊愈，但还是坚决要求到条件最艰苦、处境最危险的二地委工作。到了二地委，周山看到高邮情况十分紧急，坚决请求到一线亲自掌握斗争情况。这里也可以看出周山越是艰险越向前的精神。

11月23日夜里，周山率警卫连一个排的战士和县区众多干部、战士渡过子婴河，插入到敌占区界首，在龙华寺附近的周家垛宿营。24日清晨，周山布置大家写标语、散传单，草拟《告父老同胞书》《告还乡团书》等，侦察敌情，布置警戒。下午，正在与驻地群众召开座谈会、了解情况、宣传斗争形势的周山，了解到有敌人数十人向王营据点扑来，当即带领两个班的战士伏击敌人。这时，一个更加意外的情况出现了，枪声引来了周家垛向北“扫荡”的敌黄伯韬部整编二十五师一部，周山等人一下子陷入了土顽与正规军的双重包围之中。在突围的过程中，周山被一条大河阻拦，泅水渡河，因体弱和水性不好，滔滔的河水很快吞噬了他年轻的生命。

不朽丰碑

在2017年纪念周山烈士百年诞辰的座谈会上，江苏新四军研究会副会长袁振威将军把周山的牺牲与他的父亲，也就是原新四军政治部主任袁国平的牺牲放在了同等高度，认为他们都展现了共产党人视死如归的大无畏英雄气概。唯一不同的是，袁国平将军把最后一发子弹留给了自己，而周山把最后一发子弹射向了敌人，宁死不屈。

周山牺牲后，1949年2月，高邮县委决定将周山牺牲之地界首区改名为周山区，以纪念周山烈士。

在周山这片热土上，与周山一样壮烈牺牲的，还有二百多名烈士。他们当中，有在抗日烽火中走进革命队伍，受党的派遣，前来高邮地区开展工作，在这里壮烈牺牲的陈志光、狄奔、翟光；有早年从军，在抗击日军一线战场奉献青春的热血青年沈德芳、韩寿涛；还有奉党的指示，坚持原地斗争，直至献出宝贵生命的方农高、周坤、晏子云、仇元良、周维政等同志。他们为保家卫国，献身异地他乡，用火红的年华、壮丽的青春，谱写了一曲曲爱国主义和革命英雄主义的凯歌，在周山人民心中树立了一座座不朽的丰碑。

周山烈士纪念碑

贴心向导

地址：扬州市高邮市周山镇思源路 85 号

开放时间：8：30—11：30　14：30—17：30（周二闭馆）

电话：15952510433

（撰稿人：龚晓斌）

抗美援朝少年志——吴奇烈士故居

吴奇烈士故居位于江苏省扬州市高邮市汤庄镇京汉村，于 1972 年重新修建，占地面积 500 多平方米，有房屋 7 间，前后两个院落，室内旧家具、老物件保存完好。院内高达十几米、直径 60 厘米的两棵雪松苍劲挺拔，成为村庄上的地标。走进故居，雅室清风扑面而来，使人陶醉，让人敬仰。2019 年 2 月，吴奇烈士故居正式开放，成为缅怀英烈、传承红色基因的重要场所。为了更好地展示吴奇烈士的生平事迹，故居设立了 17 面展牌，展牌内容设置了“投笔从

吴奇烈士故居

戎”“抗美援朝”“首创空战胜利”“血洒长空”“家风传承”五大板块，通过珍贵的图片和详尽的文字，生动展示了吴奇烈士为革命奋斗的一生。

吴奇，江苏省高邮县人，1927 年 10 月出身在一个书香世家。吴奇读完私塾后就考入了当地的江都中学，在这里，吴奇受老师冯定先生革命思想的影响，毕业后进入抗大五分校学习并参加革命。

吴奇烈士肖像

抗大五分校全名叫作中国人民抗日军政大学第五分校。抗大的学习生活非常艰苦，一周下来，有的同学觉得与家里的生活差距太大，陆续离开了抗大五分校，而吴奇则一直坚持了下来。时任抗大五分校副校长张兴发问他：“你的同伴都回去了，你为什么不走？”吴奇说：“我是来参加革命的，等把鬼子赶走的那一天，我再回去。”

留下来的吴奇被编入知识青年学员队，一边工作一边训练。1945 年的“两淮”战役结束后，吴奇所在的知识青年学员队随同新四军第三师进军东北。吴奇所在的七旅十九团从淮安出发，跨越江苏、山东、河北、热河、辽宁五个省，全程 1500 多千米，徒步到达锦州。根据档案记载，吴奇因在山东临沂筹粮有功，被调到旅部后勤部负责给养工作。

在三师七旅任职期间，吴奇曾经获得过两次二等功，其中一次是秀水河子战役。

1946年2月12日，秀水河子战役爆发。此战打得十分艰苦，吴奇所在的三师七旅战士们冒着连枪栓都拉不开的零下30多摄氏度的严寒，不断冲锋陷阵，战斗从黄昏持续到第二天上午，最艰难的时刻，机关人员、炊事班等后勤人员全部上了战场。当时吴奇作为机关人员跟随狙击部队深入王家窝棚支援，巧妙地绕到敌军后方，生擒6个俘虏，荣立个人二等功一次，这个小故事后来还被哈尔滨飞行学院编入音乐话剧《迟来的红五星》。

4月18日，四平保卫战打响，七旅奉命守备三道林子，这是四平侧后之主阵地与制高点，扼四平的咽喉，按七旅首长指示，吴奇等作为第二批突击队，配合二十一团作战，再立二等功一次。

1947年12月，吴奇作为优秀干部，被推荐到东北民主联军航空学校学习，成为该校第三批学员。从此，吴奇开始展翅蓝天，搏击苍穹。他没有辜负机会，刻苦学习，取得了优异的飞行成绩，后来被教官推荐去试飞滑翔机。

1949年，吴奇从中国人民解放军航空学校(现名中国人民解放军空军航空大学)顺利毕业，成为中华人民共和国第一代飞行员。1950年，吴奇进入空军第四混成旅，随部队驻防上海，战斗值班。上海空中设防短短42天，四战四捷，沉重打击了国民党军的嚣张气焰，迫使其全面退守。

抗美援朝战争爆发以后，由于我们没有制空权，处于被动挨打的局面，补给线经常被切断。毛主席强烈感受到来自空中的威胁，命刘亚楼组建了第一支空军部队。刘亚楼在空四师十团二十八大队挑选出“首战十勇士”，吴奇就是这支部队中的一员。

1951 年 1 月，空四师十团二十八大队全体队员于鸭绿江畔前线机场合影留念。前排左起：李汉、吴奇、赵明、褚福田、宋亚民、李宪刚，后排左起：魏梦云、张洪清、孙悦琨

1951 年 1 月 29 日，空四师十团二十八大队抗美援朝首次空战告捷，取得了击落敌战机一架，击伤敌战机一架，自己无一损伤的战绩。首次空战的伟大胜利，为人民空军的战史写下了光荣的一页。毛主席为此题下 11 个大字“空四师奋勇作战，甚好甚慰”来赞扬我们的“首战十勇士”。吴奇驾驶 2 号机，是中国人民志愿军空军首批出征与美作战的“十勇士”之一。据空一师荣誉馆“空一团参加抗美援朝战绩统计表”中记载，吴奇烈士生前共击落敌F-86 战机 1 架，击伤F-80 战机 1 架。1951 年 2 月 9 日，由于空战中表现英勇，吴奇获二等功。

1951 年 10 月 16 日，为了援救队友，吴奇不幸壮烈牺牲在抗美援朝的战场上，年仅 24 岁，是中国人民志愿军在朝鲜战场上牺牲的团以上干部之一，被中国人民解放军空军政治部追记为二等战功。

吴奇革命烈士证明书

他的一生都在用行动践行对党忠诚的初心。

早在吴奇参加新四军之前，吴奇的爸爸与爷爷就先后病逝，吴奇只能和奶奶、妈妈相依为命。从参加革命起，吴奇就没有回过一次家，他只能将思念寄托在信纸上。甚至奶奶去世后，在亲情与责任之间，他仍然艰难地选择了坚守岗位。在给妈妈的回信中他这样说："照理是应该回来料理一下丧事，可是万恶的蒋介石反动派不允许我这样做了，因为敌人时刻还想来偷袭上海，我负有保卫上海人民安全之责，故不能回来，请原谅，不要骂我是不孝之子。"吴奇烈士共留下 6 封家书，这些红色家书的字里行间，展现出了吴奇作为一名共产党员对信仰的忠诚，对责任的担当。

贴心向导

地址：扬州市高邮市汤庄镇京汉村六组 20 号

开放时间：周一至周五 8：30—11：30　14：30—17：30

电话：0514－84752487

（撰稿人：冯菁）

白沙清风专线

家有《青山训》 一门三俊杰——盛氏兄弟故居

盛氏兄弟故居，位于仪征市天宁寺塔西的工农南路 29 号，早先毁于太平天国战乱中，1885 年在旧址上重建。2009 年，按原有规制进行修缮，并命名为“盛氏兄弟故居”，2010 年对外开放。故居原为坐北朝南的两进三院，目前仅剩后进三间两厢，在 2009 年初第三次全国文物普查中，登记为不可移动文物。

故居依然保留着人字梁、木格窗、罗地方砖的旧式建制，“世德堂”匾额悬挂在堂屋正中，还有徐悲鸿手绘的“盛母像”。这是积极投身民主革命的盛氏三兄弟盛白沙、盛成、盛延武的出生地和启蒙处。

盛氏兄弟故居内景

一门俊杰人

盛氏祖上于明末由安徽迁入江苏仪征,至清末定居在仪征城内天宁塔下。仪征盛氏人才辈出,其中盛白沙、盛成、盛延武三兄弟可谓一时俊杰。

盛白沙像

盛成像

盛延武像

长兄盛白沙(1894—1923),名延祺,字白沙,是辛亥革命先驱,中国海军创始人之一。盛白沙从小志向远大,仰慕古代英雄,立誓“男儿生逢乱世,当挥三尺剑,立不世功,继承古哲前贤之志,大丈夫能马革裹尸,实为无上光荣”。他对孙中山说:“我不要名,不要钱,不要命,唯愿终身追随先生,甘当革命先锋,鞠躬尽瘁,万死不辞。”1911年,盛白沙加入同盟会,参与策动南京下关海军起义。陈炯明叛变时,盛白沙冒着炮火护送孙中山登上永丰舰,痛创叛军,受命驻汕头海军舰队指挥兼肇和舰舰长。后来他力击诸敌,迎接孙中山回粤主政。1923年,海军司令温树德北叛,并收买鲁籍水兵到肇和舰以索饷为名闹事。盛白沙在舱中听到枪声,情知有变,仍临危不惧,镇定出舱,

革命烈士证明书

盛延祺 同志在辛亥革命中 壮烈牺牲，经批准为革命烈士，特发此证，以资褒扬。

中华人民共和国民政部
一九八五年 五月 九日

盛延祺革命烈士证明书

对士兵们慷慨陈词，话音未落，竟惨遭戕击，蹈海殉义，年仅29岁。孙中山于1924年以大元帅令追赠盛白沙烈士海军中将衔，以彰忠烈。1985年，江苏省人民政府追认他为革命烈士。

二弟盛成（1899—1996），名延禧（12岁加入同盟会时受黄兴勉励，改名盛成，寓意中国革命早日成功），字成中，是赴法勤工俭学的优秀代表，致力于东西方文化交流，是集作家、诗人、翻译家、语言学家、汉学家于一身的著名学者。1911年，盛成在其兄盛白沙的带领下秘密加入同盟会，开始了革命征途。同年，在光复南京的战役中，盛成被誉为“辛亥革命三童子”之一，并受到孙中山先生的褒奖和鼓励。1919年，盛成满怀着寻求科学救国之道的理想，开始充满艰辛的赴法勤工俭学之旅。1928年，盛成应聘到巴黎大学主讲中国《易经》等课程。在这段时间里，他完成了自传体小说《我的母亲》，在巴黎出版后立即震动法国文坛，被译成英、德、荷兰、西班牙等16国文字而风靡世界。诗人瓦雷里为该书撰写了一篇长达十六页的万言长序，盛赞这部作品改变了西方人对中国长期持有的偏见和误解。该书还得到纪德、罗曼·罗兰、萧伯纳、海明威、罗素、居里夫人等人的高度评价。1985年，法国密特朗总统授予这位“世纪老人”法兰西荣誉军团骑士勋章，以表彰他对中法文化交流所作出的突出贡献。

三弟盛延武（1905—1942），字止戈。盛延武受长兄盛白沙影响，成为辛亥革命的追随者。在盛白沙牺牲的次年，赴粤参加了护法海军北伐。他对建立繁荣、和平、强大的国家充满信心，后因病早逝。

家有《青山训》

盛氏一门俊杰，名扬当地，与其家教不无关联。盛氏兄弟的父亲，光绪戊子科试第十一名、新科秀才盛元龄，面对朝廷腐败、山河破碎，痛心疾首，奋笔疾书“士气宜伸，国耻必洗”，呼吁国人卧薪尝胆，变革维新，期盼志士“立大功、成大业，削平大难”。不幸英年早逝，客死他乡，留给三个儿子最重要的遗物是一枚刻有“浩然”二字的印章。

追寻三兄弟的成长道路，不得不提及他们有一个不寻常的母亲。三兄弟之母郭汝功，系名门之后，正直刚毅。丈夫盛元龄不幸英年早逝，家境日益贫寒，但她忍辱负重，非常重视对三个儿子的培养教育。她希望儿子们时时要替祖宗争气，处处要为民族争光，并激励他们投奔革命，投身民族复兴大业。盛母虽没上过什么学堂，却深明大义，她常常告诫儿子们：“人没有一口气，不是活死人么？”盛氏家训，主要集中在盛母对三兄弟平常的训导之中，收录于盛成《我的母亲》中《青山训》一章，总计 80 余条，内容通俗质朴，大致可概括为励志、尚学、仁爱、洁身等方面。这些以家乡“青山”命名的家训如青山常青，传承后人，熏陶数代。

《青山训》记载盛母所言：“我并不欢喜借债，为子女们读书，就是要命的债,我都要借的。”从启蒙开始,盛母就不惜借钱聘请当地思想开明的贤达任教授课,并顶住世俗偏见,全力支持儿子学习国外的新知识。

盛白沙前后 8 年,系统接受现代海军知识,不仅精通军舰驾驶,而且周览山海形势,谙悉沙礁、岸碛、风涛,成为优秀的海军人才。盛成师从章太炎研究国学,接触赫胥黎《天演论》等西学,到漂洋过海,钻研蚕桑和社会生物学,后来将但丁、巴尔扎克等西方文学大师的专著译给国人,又将《易经》《老残游记》等中国读本推介给西方,中外兼容,融会贯通,始终贯穿其奋斗的一生。

盛母“做人要做仁人,做君子人”“廉耻是大事,死是小事”的教诲,成为指引盛氏兄弟“自强”“自好”的灯塔。

盛白沙蹈海殉国后,留给子女的只有一箱书籍。患难之交为他作传,文末写道:“其平素廉洁自持,生前既无长物,殉义之后,益复萧条……”盛成淡泊名利,归国后从不以名人自居,大腿严重骨折求医也不愿走“后门”,住的是八人一间的普通病房。九十大寿,盛成自觉避寿,不搞铺张。

盛氏后人继承了家族坚毅、坦诚、宽容的风范。盛白沙长子盛华(1913—1997),字东山,学生时代就投身爱国运动,1929 年 5 月加入中国共产党,1935 年赴日本留学。七七事变后,盛华中断学业回国,经二叔盛成介绍,加入了新四军。中华人民共和国成立后,盛华长期从事教育、宣传领导工作。他曾参与组建苏北农学院、苏北师范专科学校和扬州工业学校,为扬州高校发展奠定了基础;曾任南京工学院党委书记、院长和复旦大学党委书记兼副校长等职。

盛华从严自律,宽以待人,廉洁奉公,在知识界和教育界赢得了普遍尊重。他生活俭朴，不搞特殊，数十年穿的大多是旧衣，睡的是破旧的木床，盖的是褪色的旧被褥，从未买过一件奢侈品，在担任复旦大学党委书记时，南京大学校长匡亚明来访，就安排在家里住宿，一同上菜场买菜做饭。他任浙江省委宣传部副部长时就明确规定，除正规场合外，不准部属喊他“部长”，只准称“同志”。

与时偕行

盛氏兄弟故居现为扬州市爱国主义教育基地、扬州市党史教育基地、扬州市廉洁文化基地。

如今，在扬子公园镜湖两岸，盛白沙烈士纪念碑与盛成广场隔水相望，成为当地百姓引以为傲的城市地标。盛氏家训已成为宝贵遗产，融入仪征“尚义求真”的城市精神。春风化雨，润物无声。盛氏兄弟的事迹被编入乡土教材，在中小学广泛传诵。

“两代中国梦，一门俊杰人。”盛氏一门俊杰为中华民族前仆后继，为祖国革命事业奋斗终身的事迹，必将深刻影响一代又一代的扬州人，为实现伟大的中国梦贡献精神力量。

贴心向导

地址：扬州市仪征市天宁寺塔西的工农南路 29 号

开放时间：周一至周五 8：30—12：00　14：30—17：00

电话：0514－83433771

（撰稿人：丁飞）

中共仪征党组织诞生地旧址

潮起盐都一帆悬——中共仪征党组织诞生地旧址

中共仪征党组织诞生地旧址位于扬州市仪征市十二圩办事处龙江巷。旧址依托于民国时期十二圩最大的钱庄义和泰旧址，院落天井采用钱庄特有的“一线天”的建筑方式，占地 300 平方米，2019 年开始修复，在中国共产党建党百年之际落成，成为党史学习教育红色革命文化场馆。

旧址展陈内容丰富，分“盐都火种”“扬子风云”“群英流芳”“扬帆远航”四大版块，通过近百件革命历史文物原件与复印件，展示了仪征最早的中国共产党组织的艰苦卓绝的奋斗历史和辉煌历程。

江上盐都

清同治十二年（1873），十二圩开埠，两淮盐务总栈开始运行。淮盐经运河至十二圩存贮，转江船运往扬子四岸（湘、鄂、赣、皖），每年的盐运量约15万吨。繁忙的盐务带来了大量人口。

扬州有句俗语，说“船到十二圩嫌小，人到十二圩嫌老”，前一句说十二圩的大船多，后一句说十二圩朝气蓬勃的年轻人多。当时的十二圩，十八帮会馆林立，湘、鄂、赣、皖、鲁、苏各省人士杂处其间，还有洋人在此常住。

十二圩有船工、水手、搬运工等直接从事盐务体力劳动的劳工数万人。中国共产党建党之初，强调工人运动，十二圩存在着大量劳工，是无产阶级基本群众聚集之处。由于十二圩的官僚政客、地痞流氓、外商洋办在这里肆意横行，船民、盐工深受剥削和欺压，其独特的社会环境，也为党组织的发展和开展工作提供了得天独厚的条件。加之十二圩盐务总栈的品级较高，仪征县对十二圩的诸多事务不好过问，各种势力滋生，进步力量也易于发展。

当中国共产党组织领导的工人运动席卷大江南北，拥有数万盐工的十二圩积极响应，仪征最早的中国共产党组织应运而生。

红色仪征

《1926年丹阳独支关于十二圩的情况报告》记载，1926年1月，中共丹阳独立支部派中共党员郭成昌以商人身份出现在十二圩，开设“三行办事处”，以食盐买卖、劳务运输为掩护，在扛工、扫工和船工等穷苦工人中开展活动、发展组织，“三行办事处”就设在钱庄的

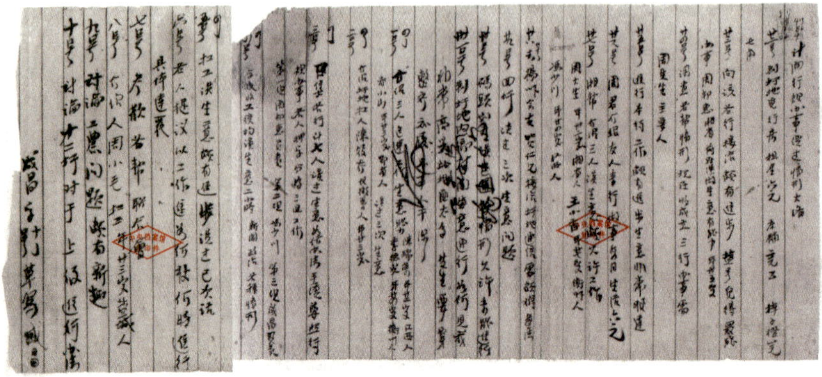

《1926 年丹阳独支关于十二圩的情况报告》

后院，工作开展非常顺利（报告中暗语称“生意非常发达”）。

自 1926 年丹阳独立支部来十二圩发展党组织到 1949 年中华人民共和国诞生，二十余载，这支红色力量从无到有、从小到大，从艰难起步到阔步迈进，从百折不挠播撒革命的火种，到团结各方进步人士投身抗日救亡，再到发动群众开展斗争、保护地下交通，为大军渡江创造了有利条件。在党的地方组织活动版图中，十二圩一直发挥着重要的节点作用，留下过吴学谦、陶勇等老一辈无产阶级革命家英勇奋斗的身影，刻下了江上青、朱瑞云等一大批仁人志士矢志不渝的足迹。

扬帆远航

以史为镜，以史明志。修复后的中共仪征党组织诞生地旧址，形象浓缩了仪征最早的中国共产党组织的奋斗历程，它是一朵浪花，融进百年史诗的波澜壮阔；它是一串音符，汇入中华复兴的时代

朱瑞云烈士红色基因展示园

华章。如今，这里是扬州市爱国主义教育基地、扬州市廉洁文化基地、仪征市爱国主义教育基地、仪征市党史学习教育基地。仪征是一片红色沃土，在这里，信仰之火熊熊不熄；在这里，理想之光熠熠生辉；在这里，奋斗之路永不停歇。

贴心向导

地址：扬州市仪征市新城镇十二圩龙江巷5号

开放时间：周二至周日

9：00—11：30（11：00停止入场）

14：30—17：30（17：00停止入场）

电话：0514-83634119

（撰稿人：金小平）

救亡图存　矢志不渝——（仪征）江上青烈士史迹陈列馆

历史沿革

（仪征）江上青烈士史迹陈列馆地处十二圩栈前街，旧址原是十二圩两淮盐务总栈，后为江上青烈士当年任教的扬子初级中学（即十二圩中学）。江上青烈士是江淮大地上孕育的一代英杰，是连天烽火中不幸陨落的“一颗大星”，是为新中国成立作出突出贡献

（仪征）江上青烈士史迹陈列馆大门

的“双百英雄模范”人物之一。

江上青烈士像

江上青，原名江世侯，1911年4月10日出生于江苏省江都县。1927年考入南通中学高中部，受刘瑞龙、顾民元革命思想影响，当年加入中国共产主义青年团，从此走上了革命道路。1928年夏，江上青转入扬州中学高中部，同年冬被国民党当局以学运骨干分子的名义逮捕入狱。1929年6月出狱后，改名江上青，就读于上海艺术大学文学系，同年转为中国共产党党员，并担任上海艺大地下党支部书记，继续从事地下学运工作。

“为什么替我们的力量担心？悠长的午夜终要走向黎明……”1931年九一八事变后，这首名为《前进曲——东三省事变》的长诗在当时广为流传，在黑夜如漆的中国大地上，它像震天号角，惊醒了沉睡的人们。它的声音，是所有国民的声音；它的希望，是所有国民的希望。这首诗歌的作者就是江上青，一位矢志不渝的革命战士。

1938年皖东北地区被日军占领后，江上青等人培训抗日干部，组织抗日武装，建立抗日民族统一战线，推动形成了皖东北国共合作、团结抗战的局面。1939年皖东北团结抗日的局面岌岌可危时，江上青参与会谈,积极斡旋。返回途中却被反动武装偷袭,遭到疯狂扫射,倒在血泊之中,壮烈牺牲。

“拚将瘦骨埋锋镝,常使英雄祭血衣”,江上青用实际行动践行了自己的誓言,他的生命由此定格在 28 岁,也定格在抗日救国的道路上。他用自己的满腔热血和坚定信念,谱写了一曲激扬壮烈、感天动地的生命之歌。

播撒火种

1933 年 1 月,江上青应聘到扬子初级中学担任国文教员。江上青由于旧友反目而受陷,为防止反动当局继续迫害,他未能为病逝的父亲送葬,又值哮喘病发作,情绪抑郁,因而写了一首满怀悲愤的悼亡诗《哭父》。然而他并没有消减抗日救亡的革命斗志,从 1933 年 1 月至 1934 年 6 月在十二圩扬子初级中学教学期间,仍像一台革命的播种机一样,在青年学生中播撒革命的种子。他以课堂为阵地,常常结合课文,联系实际,让学生潜移默化地接触到革命思想。

给同学们辅导写作时,江上青不仅帮助他们提高写作技巧,还关注他们作文的思想内容。江上青要求学生作文能够贴近社会现实,关心百姓生活。

不少当年在扬子初中读过书的老人对此记忆尤深。比如一篇课文中有一句话:“物先必腐,而后虫生之。”江上青讲课时,不只是单纯解释词义,而是联系当前的时局,结合社会现状加以引申。他说:“就如同满清政府因腐败无能,引来了沙皇俄国这只‘大虫’一样,李鸿章与沙俄签订了中俄条约,将祖国大片河山让给沙俄帝国。

这种丧权辱国的行为，就是满清政府的腐败造成的。”这样的启发教育，易于唤起学生们的爱国激情。有的学生当即提出九一八事变后日本侵略军强占中国东北三省的现实，提到国民党当局“攘外必先安内”的反动政策。江上青赞许学生们联系得好，要求大家联系当前的时局进一步讨论。

从 1934 年下半年到 1938 年初的几年时间里，江上青虽然离开了十二圩，但心却一直没有离开。他在扬州平民中学教书时，办了一份《写作与阅读》杂志，名义上是探讨读书与写作，实际上是宣传抗日救亡、传播爱国主义思想。这种教育是无声的，而影响却是巨大的。

遗风余泽

（仪征）江上青烈士史迹陈列馆，是扬州市爱国主义教育基地。

（仪征）江上青烈士史迹陈列馆展陈

2011年，在江上青烈士100周年诞辰之际，扬州市委、市政府在他曾经工作过的扬子初级中学，即清代两淮盐务总栈旧址设立（仪征）江上青烈士史迹陈列馆，以此缅怀先烈，激励后人。庭院中央是江上青烈士铜像，馆内按照江上青烈士从事革命活动的先后顺序，设置“赤子报国”“九死一生”“教书育人”“抗日救亡”“血洒淮北”“永远怀念”六个篇章。一件件历久弥新的历史文物、一幅幅饱经风霜的珍贵相片、一段段感人肺腑的革命故事，展示了江上青烈士探索真理、投身革命、教书育人、千里救亡、血洒皖东北的革命一生。

江上青烈士把对党忠诚镌刻在革命斗争的历史丰碑上，把奉献融进了革命斗争的汩汩血脉中，用生命诠释了一名共产党员的政治本色和铮铮誓言，激励着我们在新时代奋勇前行。

贴心向导

地址：扬州市仪征市新城镇十二圩栈前街

开放时间：周二至周日（仅接受团体预约参观）

9:00—11:30（11:00停止入场）

14:30—17:30（17:00停止入场）

电话：0514-83634119

（撰稿人：金小平）

储良存真　天下良心——仪征市粮仓廉洁文化教育基地

仪征市粮仓廉洁文化教育基地位于仪征市马集镇新民村街道组新民粮站,粮仓文化展馆以“天地良心”为主题,利用 1970 年建成的新民粮站省级文物“砖圆仓”及相关设施,并在基地周边设有 28 亩“清廉勤俭”研学农场,展示近年来仪征粮食行业“两项改革”成果,体现仪征标本兼治、反腐倡廉的决心。

“转输漕运之所必由”

“风物淮南第一州”仪征,拥有深厚的农耕文化底蕴,中国现存最早的南方水田农耕专著、南宋本地农学家陈旉所著《农书》成书于此,“十二宜”的自然农法传承千年,影响深远。

唐代在全国设立 13 个巡院,负责缉私、征税、仓储等,白沙巡院为其一。在江淮置扬子巡院,作为国家派出机构,总管周边地区漕运和盐务,形成扬子、河阴、永丰三仓为枢纽的漕粮转运线,江南诸省上缴的税谷皆由江上集聚白沙,再由此转运,白沙由此设置了东南最大的转搬仓。宋太宗至清嘉道年间,真州转运的粮食每年高达 700 万至 800 万石,占全国漕运总量的四分之三。明代学者庄昶在《东关闸记》中说:“仪真,京师喉襟之地,转输漕运之所必由,朝觐商贾之所必涉。有京师，不能无仪真也。”

粮食储备关系国家兴衰、民族存亡。所以中国历朝历代都会树立“国家大本，足食为先”的理念，视粮食安全储备为要务，并建立了相应的监管制度。

因症施策，反腐堵漏

面对低买高卖“等级粮”、巧取豪夺“升溢粮”和投机取巧“转圈粮”等现象，为从根本上消除粮食购销领域中的腐败现象，走出一条“规范、高效、安全”的管理新路，仪征市立足标本兼治、对症下药，先行先试、革故鼎新，开出“四剂良方”，为全国涉粮改革探索“仪征模式”，并建立粮食安全廉洁文化教育基地。

——坚持两分离、四分开，转“混”为“专”。两分离：将储备粮业务与最低收购价粮、商品粮业务完全分离，设立发改委（原粮储局）下属储备粮管理中心，对储备粮专营专管；成立仪征市粮食储备专库，单独经营本市储粮收储业务。四分开：人员、实物、财务、账务分开，储备专库独立核算，盈亏由财政平衡。

——完善内控机制，转“松”为“紧”。实现财务集中、专项审计、定期监督、目标考核，将廉洁从业纳入范畴，防止反腐“缺位”。制定“四会一层”权责清单和议事决策法则，自主开发粮食安全智慧监管平台，对人、财、物、事全面监管，自动识别风险，及时发出预警。

——调优发展模式，转“僵”为“活”。调优经营模式，对内发展稻米基地种植、胚芽米加工，对外加强与龙头企业的合作，打造集种植、加工、销售于一体的全产业链；调优仓储布局，打造以 5 万吨以

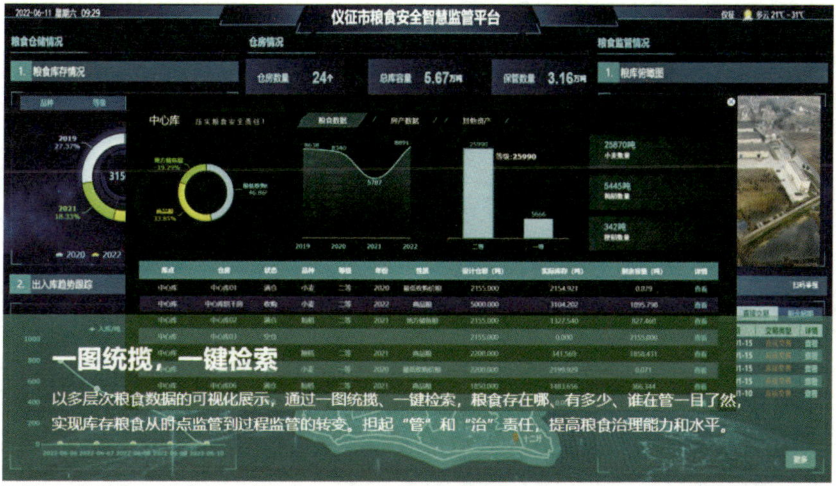

仪征市粮食安全智慧监管平台

上的中心库、2.5 万至 5 万吨的骨干库、2.5 万吨以下的收纳库为主体的三级仓储体系，库点实行粮区全覆盖，新建粮库仓容不低于 1.5 万吨；调优财政扶持，市财政与天扬粮食公司按 1∶1 出资，建立 2000 万元收购共保基金。对设施建设、信息化投入，给予财政配套；历史遗留特殊人群工资福利，对全部财政保障，设置5年过渡期，非因企业主观造成亏损的，财政适当补贴。

——明晰责任体系，转“弱”为“强”。发改委负责购销监管，市场监督局负责行政执法；以“四不两直”方式“双随机、一公开”，开展日常监管。

以案为鉴，警钟长鸣

仪征市粮仓廉洁文化教育基地设有“天地良心”“古代粮食管

农耕旧物

1970年建成的圆形攒尖顶粮仓，为江苏省级不可移动文物

良心秤

理”“仪征粮改”等展厅，馆内处处传承“清廉勤俭”的思想，厚植“勤保粮以资国家，廉护粮以济万民”的家国情怀。

仓外部分用宣传展台的形式展示古人如何科学保管粮食及粮仓形制发展的一些典故，同时陈列部分代表性实物，用于观赏和参与体验。

仓内以传统收储粮具实物陈列为主，最重要的看点是一杆手工老秤，秤上16颗星点，对应天上7颗北斗星、6颗南斗星，还有代表福、禄、寿的3颗星，它告诫人们：人在做，天在看。经商一定要居心中正，不可贪婪欺人，只有敬天畏地、秉承良心，才能得到福、禄、寿的回报。

“以史为鉴，可以知兴替。”仪征市粮仓廉洁文化教育基地传承红色记忆，融合廉洁文化等元素，以“砖圆仓”

等为载体，通过打造“廉洁粮食”教育基地，持续强化“粮食安全是战略问题”“耕地是粮食生产的命根子”的初心使命，促进廉洁粮“事”的观念更加深入人心。在这里，人们了解到粮食安全对于国家安全的重要性，体会到“谁知盘中餐，粒粒皆辛苦”的深刻含义，同时基地里的警示教育片也都是身边人和身边事，警示每一位参观者要坚守廉洁底线，维护好粮食领域的公平正义，积极营造“不敢腐、不能腐、不想腐”的廉洁文化氛围。

贴心向导

地址：扬州市仪征市马集镇新民村街道组新民粮站（仪征市天扬粮食购销有限公司新民分公司）

开放时间：周一至周五 8:30—12:00　14:00—18:00

电话：15852897385

（撰稿人：张东玮）

龙川清风专线

热土烽烟——郭村保卫战纪念馆

郭村保卫战纪念馆始建于 1980 年，是以纪念刘少奇、陈毅、叶飞、管文蔚等为代表的老一辈革命家，决策、领导、指挥郭村保卫战这一重大历史事件及其承载的革命精神为依托而兴建的新四军抗战纪念馆。

郭村保卫战纪念馆俯拍全景图

历史沿革

郭村保卫战纪念馆位于郭村保卫战革命烈士陵园内，烈士陵园始建于 1980 年，原址在郭村老集镇中心位置。2000 年，江都市政府将烈士陵园迁移到郭村镇通扬村大有组，占地 6931 平方米，建筑面积 1500 平方米，由门楼、纪念碑、纪念馆三部分组成。纪念馆内展陈分为驰援 · 保卫半塔、移师 · 进驻郭村、决策 · 斗智斗勇、固守 · 挫敌围攻、反击 · 军政全胜、传承 · 砥砺奋进六大篇章。全国人大常委会原副委员长叶飞为郭村保卫战革命烈士陵园和郭村保卫战革命烈士纪念碑题写园名、碑名。全国人大常委会原副委员长姬鹏飞为郭村保卫战纪念馆题写馆名。

2020 年 5 月，东进主题教育基地在纪念馆东侧兴建，占地面积 3.1 万平方米，两面环水。基地以追溯历史、立足当下、迈向未来为

东进主题教育基地红色雕塑

主线，以情景雕塑、红色故事、红歌展示与生态景观相结合，弘扬铁军精神，传承红色基因，集学习教育、纪念缅怀、健康健身于一体，是具有独特表现形式的新型党员教育基地。

东进序曲

抗日战争进入相持阶段后，日军将作战重点从正面战场转移到共产党领导的敌后抗日根据地。据此，中共中央确定了开辟苏北、发展华中的战略决策。1939 年底，陈毅、粟裕派遣江南新四军一部渡江北上，在江都的大桥、吴家桥一带及仪、扬地区建立抗日阵地。

1940 年 5 月 17 日，叶飞部遭遇日伪军 1000 余人大“扫荡”，挺进纵队奋起反击，激战一昼夜，日伪军死伤惨重。为防止敌人分进合击，挺进纵队连夜转移到了通扬运河以北的郭村地区休整。

1940 年 6 月 27 日，消极抗日、积极反共的国民党顽固派韩德勤下达作战命令，命李明扬、李长江（简称“二李”）所部联合附近各部队，迅速将江都、泰县境内的挺纵部队一举歼灭。

1940 年 6 月 28 日至 7 月 4 日，新四军于郭村击退了国民党李长江部 13 个团的进攻。战斗过程中，新四军挺进纵队自卫反击，苏皖支队增援。7 月 1 日，泰州国民党方面，中国共产党地下党员陈玉生、王澄率队分别起义。7 月 2 日，国民党军再次进攻郭村，新四军顽强反击，最终击退敌军。此战历时七天七夜，歼敌 3 个整团，击溃 10 个团，俘 700 余人，缴获大量武器。最终，“二李”在新四军感召下，对进犯郭村赔礼谢罪，表示会协助新四军东进抗日。

郭村保卫战以 1000 余人的兵力击败了敌人 13 个团，被视为抗日战争中以少胜多、以弱胜强的范例。经此一战，新四军在苏北站稳了脚跟，奏响了东进抗日的序曲。由于新四军坚持有理有节的原则，以斗争求团结，争取了中间势力，为开辟苏北抗日根据地及尔后的反顽斗争胜利创造了条件。陈毅称郭村为“我军对苏北之进攻出发地”，叶飞认为“没有郭村战斗，就没有黄桥决战”。

郭村保卫战是军民同心战胜敌人的典范。当时李长江扬言，如果打下了郭村，就放假三天，而且任意烧杀抢夺。当时郭村的老奶奶往前线运送荞麦饼等粮食，而年轻人则跑到战场上和战士们并肩作战，誓死保卫郭村。

郭村保卫战中还留下了郑少仪只身夜送鸡毛信的故事。郑少仪是当年打入“二李”部队的女地下党员，6 月 27 日，她在泰州街头敏锐发现二李部队即将有异动，于是她设法拿到了“二李”部队围攻郭村的兵力部署图，以及确切的进攻时间。在发现下线找不到、情报送不出去的情况下，她脱下军装，伪装成农妇，摸黑趟水，跑了十八里路，终于在半夜将情报送到了叶飞手上，为我军赢得了几个小时的备战时间。得到这份及时送到的“二李”部队兵力部署图，也是叶飞敢于背水一战的原因。

郭村这片红色的土地上涌现了许多英雄人物，他们不畏斗争、贤守善政、永葆初心，孙蔚民就是其中的代表。孙蔚民，扬州人士，在教育领域默默耕耘了几十载春秋。他曾发起并组织了声势浩大的教师“索欠”“加薪”运动，最终成功地迫使几任教育局局长黯然离职，改善了扬州地区的教育状况。

扬州城不幸沦陷后，孙蔚民不得不举家迁徙至东乡避难，在此

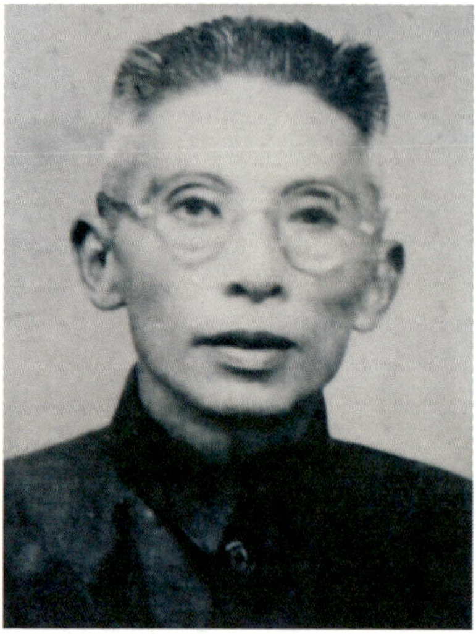

孙蔚民

期间，他毅然接下了郭村小学校长的重任，继续在教育一线发光发热，为孩子们点亮知识的明灯。1939 年，新四军挺进纵队在大桥镇英勇抗日，孙蔚民深受鼓舞。他不仅支持大女儿孙锋加入新四军，自己也身体力行支持抗日。为深入理解革命，他购买并日夜研读毛泽东的《论持久战》。1940 年 3 月，经蔡公杰和孙锋引荐与介绍，孙蔚民光荣入党。东台县抗日民主政府成立，他被任命为首任教育科长。但他不满足于此，安排妥当后，毅然告别家人，随军东进。1941 年 11 月，孙蔚民任兴化县长，后又任苏皖二专署教育处处长、扬州市市长。中华人民共和国成立后，曾任苏北师范专科学校（后为扬州师范学院）校长。孙蔚民还是中共八大代表。

继往开来

自纪念馆落成以来，历经四十余载春秋，场馆精心策划并成功举办了纪念郭村保卫战胜利 60、70、80 周年等一系列丰富多彩的宣传教育及纪念活动，赢得了广泛的社会赞誉与积极反响。

现在，郭村的红色场馆已串联成片，以“两馆一基地”为核心，构筑起一条生动的党史、抗战史学习线路，年均吸引超过 1500 家单

郭村保卫战革命烈士陵园内的革命英雄纪念碑

位、30 余万人次前来参观，充分发挥了其在党史学习教育及爱国主义教育中的独特作用，现已成为江苏省爱国主义教育基地以及扬州市廉洁文化基地、扬州市党史教育基地。

贴心向导

地址：扬州市江都区郭村镇东进南路 78 号

开放时间：周二至周日 8：30—11：30　14：00—17：00

电话：0514－80801333

（撰稿人：庄杰、韩佳慧）

铁流东进——新四军苏北指挥部旧址

新四军苏北指挥部旧址位于扬州市江都区郭村镇塘头村花园组于家花园，其前身为新四军苏北指挥部成立地和苏北第一个县级抗日民主政权——江都县抗日民主政府成立地旧址。旧址于1986年列为县级文保单位，经维护修复、改陈布展，2015年全面对外开放。

新四军苏北指挥部旧址正面图

于氏姊妹楼

于氏姊妹楼

于家花园占地 4 亩有余，其主建筑于氏姊妹楼亦称于氏双楼，为清末翰林于齐庆故居，是于家花园的遗迹。姊妹楼南与花厅相接，北与客堂相连。双楼面南而立，上下两层，造型相同，均为砖木结构，青砖黛瓦，坡顶风墙，其间有楼梯相连，远远望去，两楼似分似合，若即若离，结构紧凑，浑然一体，好似孪生姊妹携手而立，故名“姊妹楼”。

于氏作为当地的大姓望族，在地方经济发展中领百业之先，成就了一“方寸桃源”之地。《江都县续志》述：“江都东乡……独塘头一隅，文风蒸蒸日盛，于氏提倡之力为多。”

据塘头于氏家谱记载：于氏上祖乃明代兵部尚书于谦（1398—1457）。于谦，字廷益，浙江钱塘人。明代著名军事家、政治家。土木堡之变后，于谦拥立朱祁钰为帝，率军民保卫北京城。英宗复辟后,以“谋逆罪”于天顺元年(1457)将于谦杀害。其时于氏一族便四处逃难,其中一支逃到扬州东乡的塘头隐居,从务农、做工、经商、读书到做官。直至清初,尤其康乾以后,才又发达起来,在江都崭露头角,成了书香门第、官宦人家。

史料记载:嘉庆至光绪年间,江都县参加岁科考试合格并留名者有十八人。而光绪年间于齐庆、于受庆弟兄二人皆成翰林,有人戏赠以联曰:“一门双进士,兄弟两翰林。”

苏中铁军

20世纪40年代前,扬州东部地区被日、伪、顽三派势力分割,局势复杂。为打破这一局面,1939年底,新四军分会副书记、一支队司令员陈毅遵循党中央“向北发展”的战略,派遣新四军挺进纵队进入江都的“三桥两荡”区域。1940年初,新四军在大桥附近首次击败近500名日伪军,取得重大胜利。随后,日军再次发起吴家桥大“扫荡”,但再次被击退。为避免报复,新四军转移至郭村休整。

1940年6月底7月初,被称为“东进序曲”的郭村保卫战胜利结束后,7月8日,粟裕根据陈毅的指示,率新四军江南指挥部机关及主力老二团、新六团和留在江南的新四军挺进纵队第二团,冲破重重封锁,渡江北上,到达江都县塘头地区,与陈毅率领的新四军挺进纵队、苏皖支队会合。7月12日,中共中央指示原新四军江南指挥部改为新四军苏北指挥部,陈毅、粟裕分任正、副指挥。新四军苏北指挥部就设在郭村塘头的于家花园内。

自此,于家花园成为新四军抗日及东进时的指挥中心,叱咤风云的老一辈革命家陈毅、粟裕、叶飞、姬鹏飞等都曾在此战斗和生活过，东进黄桥的战略也在此制定。新四军苏北指挥部成立后，将集中在江都东部的新四军7000余人整编为3个纵队和1个独立支队。7月25日起，陈毅、粟裕执行中共中央和中原局指示，率3个纵队从郭村、吴家桥等地出发，东进黄桥。

“会师郭村”雕塑

新四军进入苏北后，在物质极其匮乏、生活异常艰苦的极端环境下，凭借着坚定的理想信念、无畏的牺牲精神、严明的铁军纪律、正确的群众路线以及优良的工作作风，不仅顽强生存下来，而且战斗力日益增强。这与新四军严格的纪律要求密不可分，陈毅总是教育战士们：“你们收钱事小，坏了新四军的纪律事大。”他简陋的办公卧室见证了他对新四军模范执行群众纪律的坚持，即便是在帮助群众时挑坏了群众的扁担，也要如数赔偿。粟裕深谙“厉行节约，人人有责”之道，积极倡导节约风气，严厉反对贪污行为。他提出诸多实用建议：利用旧纸做信封，以食盐替代牙膏，选用粗布作为手巾，夜晚集体办公时减少灯火，且招待客人不备香烟，客饭实行收费，余粮全部上缴。针对“浪费无妨”的谬论，粟裕严厉批评，认为浪费即是变相且公开的贪污。他呼吁众人反思三问，以坦诚之心面对党组织：一思过往对财经的态度与责任，二算个人与部队的年度开销，三省自身浪费公物之量与是否有愧于公。

陈毅、粟裕的以身作则、言传身教使新四军在群众中树立了崇高的威信，新四军每到一处都能得到广大人民群众的坚定支持和深切爱护。

精神榜样

新四军曾经在郭村抛头颅、洒热血，也留下了风清气正的“铁军精神”。现如今新四军苏北指挥部旧址已被批准为江苏省级文物保护单位。经地方政府按照保护性开发原则进行全面修缮后，新四军苏北指挥部旧址已被批准为江苏省级文物保护单位，并被确定为扬州市廉洁文化基地和扬州市党史教育基地。

新四军苏北指挥部旧址以图片、史料、实物陈列等形式，真实展现了新四军在扬州地区的抗战历史场景。布展内容分为军事斗争、统战艺术、基层党建、于氏家风四大板块。旧址通过打造“一部教育视频、一堂精品党课、一场现场教学”，配合馆内展陈实施声、光、电等现代教育方式，满足新时期党员党风党纪的学习需求。通过发掘和利用红色资源，布展新四军相关史料，用新四军的日常言行、事实实例来展现他们在抗战时期坚守政治纪律和政治规矩的作风原则。

宣传党的光荣传统和优良作风是旧址一直以来的工作重心。进入新时期，新四军苏北指挥部旧址坚持与时俱进、开拓创新，致力于成为一个更加全面、多元、有影响力的廉政文化教育基地。

贴心向导

地址：扬州市江都区郭村镇塘头村花园组126号

开放时间：周二至周日 8：30—11：30　14：00—17：00

电话：0514－80801333

（撰稿人：庄杰、韩佳慧）

忠魂不泯 浩气长存——三江营革命烈士陵园

三江营地处扬州市江都区大桥镇之南。大桥，古称白沙，旧称带桥，战略地理位置十分重要，自古以来就是兵家必争之地。三江营原名三江口，乃扬子江、淮河入江口处的小夹江、太平江三江汇合之处，后因清朝政府在此设立兵营，遂改名三江营。清代，三江营成为长江下游五大江防要塞之一。在鸦片战争期间，英国舰队发动“扬子江战役”，耀武扬威驶抵三江营水域，三江营守军用炮火发出了正义的吼声。

大桥革命纪念馆

三江营是革命老区，也是一块红色热土。这里既是新四军渡江北上抗日第一站，也是为渡江战役扫平障碍的最后一个战场，还是解放军炮击英舰“紫石英”号的战场。

新四军北上抗日第一站

抗日战争期间，三江营曾是新四军渡江北上的桥头阵地之一。1938 年 6 月，陈毅率领新四军一支队挺进苏南敌后，在创建茅山根据地的同时，积极准备渡江北上。由南向北发展，必须突破长江天险，三江营在扬中县、新老洲中间部位，成为新四军渡江北上的首选。

1938 年 9 月，新四军江南挺进纵队击溃驻守三江营的国民党顽固派。挺进纵队在大桥地区驻防，控制了大桥、嘶马等沿江地区，与扬中连成一片，为新四军渡江北上开辟苏北抗日根据地打开了通道。

1939 年 10 月，叶飞率领新四军主力部队第六团与挺进纵队会合后，合编为新四军挺进纵队。在大桥、嘶马、吴家桥一带，开辟了敌后抗日根据地，创建了苏北抗日桥头堡。新四军渡江北上抗日从三江营登岸，因此三江营被誉为新四军北上抗日第一站。

陈毅第一次来到苏北视察工作，就是在当时的三江营宦家码头登岸。在大桥时，他还到法源寺与方丈促膝长谈，并留下了“出家不出国，国难当头，匹夫有责”的名言。

三江营战斗

1948 年，国民党为阻止解放军渡江南下，调来巡防艇驻防天伏洲、三江营一带。12 月 29 日，人民解放军从陈家庄出发，在敌海军炮艇停靠码头之时出其不意发起袭击，取得了三江营大捷。

1949 年 1 月 23 日仙女庙镇解放后，国民党整编第二十三师 121 团第二营 500 余人，纠合地方自卫队盘踞在三江营，筑起了围墙、壕沟、暗堡、地堡，并在所有通道上埋设了地雷，江边还有几艘舰艇，负隅顽抗。

1949 年 4 月 9 日，解放军 6299 部队 179 团奉命攻打三江营，人民解放军从大桥向三江营发起猛攻，到晚上七时，解放军完全攻占了三江营，以负伤 206 人、牺牲 60 人的重大代价，取得了解放三江营的胜利。为了革命斗争的胜利，200 多名革命烈士血染疆场。

解放三江营烈士纪念碑于 1949 年 4 月由 179 团全体同志敬立，目前珍藏在三江营革命烈士纪念馆内，供世人瞻仰

他们气壮山河的精神光照千秋，永彪史册。

三江营解放后，解放军渡江先头部队进驻大桥镇，准备渡江各项工作。随后，陈毅和粟裕率领一部分人马来到大桥，指挥部就设在联盟街 66 号徐循卿（人称徐大房）家中。

1949 年 4 月 20 日，国共两党和平谈判失败。第二天，毛泽东、朱德发出了《向全国进军的命令》，解放军百万大军雄踞长江北岸，以弯弓待发之势，准备渡过长江去，解放全中国。

炮击“紫石英”号

4 月 20 日，就在解放军千舟竞发之际，一艘打着米字旗的英国军舰，从下游驶进了三江营水域。这里是解放军渡江东路大军第八兵团的防区。我军沿岸的炮兵部队立刻向其鸣炮警告，然而英国军舰不顾警告，还以六门舰炮予以还击，双方展开了猛烈对轰。最终，“紫石英”号中弹 30 余发，搁浅到了南岸，挂起白旗。此后，英国远东舰队还曾派出“伴侣”号驱逐舰与“伦敦”号重巡洋舰前来救援，但都被沿岸解放军击退，长江上的炮战震惊了世界。

时任英国首相仍坚持狡辩称英国军舰有合法权利开进长江。4 月 30 日，毛泽东主席亲自起草声明，声明中指出“长江是中国的内河”，“中国的领土主权，中国人民必须保卫，绝对不允许外国政府来侵犯”，表明了即将成立的中华人民共和国的对外政策。

最终擅自闯入中国内河的“紫石英”号在搁浅了 3 个月后，不得不借着夜色，灰溜溜地离开了。“紫石英”号事件宣告了一百多年来帝国主义对中国“炮舰外交”的破产。

薪火传承

三江营革命烈士纪念碑，始建于1949年，伫立在三江营戎家巷，后移至三江营革命烈士陵园。2009年，大桥镇对三江营革命烈士陵园重新搬迁改造，迁址至大桥镇通江东路16号。烈士陵园总占地面积3200平方米，建筑面积280平方米，展陈面积200平方米。在搬迁改造时，将全镇范围内在解放前牺牲散葬于各村的114名革命烈士全部迁移至此安葬，加上原址安葬的85名烈士，陵园内共安葬烈士199位。

烈士陵园主要分为三个部分，即纪念碑瞻仰区、烈士安葬区和纪念馆。纪念碑瞻仰区内耸立着一座高约12米的烈士纪念碑，碑的正面刻有“三江营革命烈士永垂不朽”11个苍劲有力的大字，底

三江营革命烈士纪念碑

座两侧镌刻着烈士英名录。烈士安葬区是199位英雄烈士的长眠之地，位于碑座下方；纪念馆位于整个陵园最里侧，陈列着三江营的战争史及大桥沿江开发部分成果。纪念馆展区以时间为序，运用文字、图片等方式展示三江营的革命历史，共分为抗日战争、解放战争以及著名的"紫石英"号事件三部分。

三江营革命烈士陵园现为江都区文物保护单位，并先后被评为扬州市廉洁文化基地、扬州市党史教育基地。自建成以来免费对社会开放，前来祭扫、参观、学习的人数达数万人次，接待接受廉政教育的党员干部达2万多人次，充分发挥了爱国主义教育和廉洁教育的作用。

贴心向导

地址：扬州市江都区大桥镇通江东路16号

开放时间：周一至周五8:00—16:30

电话：0514-86445856

（撰稿人：欧春香）

此去渌洋清净处——渌洋湖廉洁文化公园

渌洋湖廉洁文化公园坐落于扬州市江都区邵伯镇渌洋湖湿地公园内，是扬州市镇域、村域第一家廉洁文化主题公园。公园以中国传统公园的设计手法为依托，融入了地区廉洁文化和渌洋廉政人文景观。

渌洋湖廉洁文化公园

历史沿革

渌洋湖廉洁文化公园于 2023 年 5 月 11 日正式落成启用，占地面积 22 亩，由渌洋十景和知青展馆两大部分组成。设计遵循“一步一景，以文化人；贯穿古今，体现特色”的原则，通过十个廉洁文化景观串联起整个园区，形成了一个廉洁教育的闭环。这些景点不仅给人以美的享受，更是传递廉洁文化、教育引导干部群众崇廉尚德的清净之地。

渌洋十景

渌洋十景为孺子牛、照廉灯、传廉廊、养廉塘、问廉亭、访廉道、君子坡、赏莲亭、初心台和试廉梯。

孺子牛：步入公园，首先映入眼帘的是“孺子牛”雕像，铜塑大牛、小牛各一，大牛俯首，小牛昂然，旁有廉官俯首垂询老农；蔷薇径右侧做开放式圆门，从中可见草坪上铜塑孺子牛形象，象征着为人民服务的无私奉献精神。

孺子牛

照廉灯：在蔷薇径两旁安装古典风格宫灯，宫灯上陈列廉官廉政名言或廉政事迹，以人物故事和古典景观共同向参观者诉说历史长河中流淌着的“廉”的血脉。

传廉廊

传廉廊：传廉廊生动再现了从先秦至明清，再到中国共产党建党百年的廉洁历程。从皋陶首倡“九德”，奠定中国廉政文化的基础，再到历朝历代不断完善监察制度，直至今日党风廉政建设和反腐败斗争的辉煌成就，一幅幅历史画卷缓缓展开，让人深切感受到廉洁文化的源远流长、与时俱进。

养廉塘：在原有的池塘中种植荷花，在荷塘岸边设几种形态的酱缸散养睡莲，不规则分布；君子坡与水面边缘置书页形石面，上刻《爱莲说》全文，面向赏莲亭。

问廉亭：亭内树景公问廉雕塑，景公与晏子坐对，一把须发问，一举指对答。亭外石牌展示做人做事“四条底线”和算好人生“七笔账”。

访廉道：在上坡两侧安装大小“廉”汉字百个，两侧种植梅、兰、竹、菊等有廉洁寓意的植物花卉，下边有荷塘莲花，以表访廉探廉之意。

访廉道

君子坡：访廉道右边外侧坡面种梅花、兰花、菊花，与左侧修竹合为“四君子”，世人常用“四君子”来寓意高尚的品德。

赏莲亭：在赏莲亭内，人们可以静心品味《爱莲说》的哲思，体会古人对廉洁的向往与追求。

初心台、试廉梯：烽火台外侧立党旗雕塑和入党誓词，可用于重温入党誓词，不忘初心、牢记使命。

清风翠林

知青林展示馆设置于知青林中，通过挖掘 20 世纪 60 年代本地知青勤政和廉洁教育资源，让参观者身临其境，重温激情燃烧的岁月，学习吃苦耐劳、艰苦奋斗的建设精神，感悟初心使命、汲取奋进力量。

20 世纪六七十年代，一群知青怀着理想和信念来到了渌洋湖，开始了长达二十年的植树护林生活。他们不仅克服了自然环境的严酷考验，还积极投入劳动，将一片荒芜之地变成了郁郁葱葱的"水上森林"。

在日常工作中，知青们展现出极高的责任感，总是不畏艰辛、全力以赴。尤其在护林过程中，他们严格执行防火措施，昼夜巡查，确保每一寸土地的安全。即使面临恶劣的生活条件，他们也能乐观面对。

时光流转，虽然当年的知青们已经离开了渌洋湖，但他们不仅留下了如今茂盛苍郁的树林，还有宝贵的精神财富。这种精神深深根植于这片土地上，激励着一代又一代人。

廉韵渌洋

渌洋湖廉洁文化公园，融汇山水灵气与人文智慧，不仅增添了地方旅游文化亮点，更创新性地将廉洁教育带入寻常生活，成为市民探索自然奥秘、领略廉洁精神的理想港湾。

在自然和谐的场景中，参观者们可以围绕廉洁主题展开交流研讨，共享清廉理念，从而得到心灵的净化与升华，推动崇德尚廉、守法护纪的浩然正气持续充盈。

贴心向导

地址：扬州市江都区邵伯镇渌洋湖旅客服务中心

开放时间：周一至周五 9：00—12：00　14：00—17：00

电话：0514-86211011

（撰稿人：赵国娟、许国权）

邗上清风专线

正气清风拂邗城——邗江廉文化展示馆

《左传·哀公九年》记载:“秋,吴城邗,沟通江淮。”从鲁哀公九年即公元前486年开始,因吴王夫差开邗沟、筑邗城而得名的邗江,正式走进史册。

2018年冬,邗江区纪委监委打造了廉文化展示馆。该馆以时间为脉络,以人物和故事为载体,集教育性、知识性、趣味性于一体,不仅彰显了邗江人深厚的文化底蕴,也为打造勤廉邗江开辟了新的时空。

邗江廉文化展示馆外景

水润邗城

南临长江，北接淮水，中贯京杭大运河，从古邗沟到古邗国，从邗城、邗江县再到现在的扬州市邗江区，水既滋润了邗文化，也涵养了其廉文化内涵。

水平如镜，映出的是历史教训。邗沟大王庙有副楹联，“曾以恩威遗德泽；不因成败论英雄”，这是扬州人对夫差、刘濞这两位吴王的客观评价。夫差在继位以前，“信以爱人，端于守节，敦于礼义”。他继位后，积钱粮、充府库，在蜀冈筑邗城、开邗沟；后来日渐骄奢，远贤臣、近小人，为越王勾践击败，羞愤自刎。西汉刘濞在当时的扬州“即山铸钱，煮海为盐”，与民休息，免除赋税，国用富饶，一片繁盛。刘濞后来发起“七王之乱”，最终身首异处。

水净流远，拂来的是贤守清风。扬州既有欧阳修、苏东坡等文章太守，也有董仲舒、王士祯等大儒名宦，更有如“三风太守”吴绮、“三拒请托”龚鉴这样的循吏廉吏。曾长期生活在邗江北湖边的吴绮，康熙年间任湖州太守时，惩恶除暴，严禁以海禁登记为由向蚕户吃拿卡要。就是这样一位多风力、尚风节、饶风雅的太守，典当过友人送的裘衣，质卖过夫人的耳环，遭劾去官时，回扬州的路费全靠亲友资助。雍正年间甘泉首任县令龚鉴，旧交某侍郎之子相托私事，他“拒之”；同城官吏以监督伺察之名要挟，他“又拒之”；豪族大户请其宴饮，他“又拒之”，其“不近人情”风闻天下。

水利众生，联结的是人心所向。“商旅往返，船乘不绝”，口碑才是最好的纪念，百姓至今对隋炀帝褒贬交加，对东汉广陵太守陈登则交口称赞。陈登处乱世不忘民生，他开凿了邗沟西道，拉直了原樊良湖至末口的弯曲水道，航程大大缩短；他组织开挖了龙河，把水源引向缺水的扬州西北；他还牵头修筑了陈公塘，此塘以其姓为名，周长“九十余里”，能灌田“千余顷”，有效缓解了仪扬山区的干旱。而今，陈公塘早已废弃，化为田地，塘畔纪念他的恭爱庙、官塘庵也已经不存，但人们对陈登的纪念永存心中。

敦朴邗城

因人名而得地名，寓文化于日常，这种朴素的怀念，在邗江还有很多。邗江现有 15 个镇（街道、园区）的得名，多与历史文化关联。

邗上街道、瓜洲镇、甘泉街道等自不必说，其余如蒋王街道得名于三国时忠勇逐贼的蒋歆，竹西街道源于杜牧“谁知竹西路，歌吹是扬州”和姜夔“淮左名都，竹西佳处”，杨庙镇来自爱民如子、不畏权势的元代扬州路同知杨敬一，杨寿镇来自明代为家禽家畜治病的杨姓兽医，公道镇因阮元祖父阮玉堂回乡探亲时市场公道、人心公道而得名……

在这样民风朴素、正气充盈的环境中，邗江一直注重家风家教。读书人以焦循为代表。这位被誉为“一代通儒”的扬州学派代表，于经史、历算、声训、诗词、医学、戏曲诸方面多有创建，他在《里堂家训》中反复强调读书要认真，“家之不幸，莫如不肯教子弟。教子弟读书不可不专，不可不严”。从政者以阮元为典范。这个先后任山东学政、浙江学政，浙江巡抚、江西巡抚、河南巡抚，漕运总督、湖广总督、两广总督、云贵总督等职，历乾隆、嘉庆、道光三朝，拜为体仁阁大学士，治学成就卓越，为官政绩卓著，从政清廉如水。他在《隐

吴安业、夏春农事迹展陈

山诗序》中说“余生辰在正月二十日，近十余年，所驻之地，每于是日谢客，独往山寺。……以为此一日之隐也”，自谓“竹林茶隐”。

从业者以清代吴安业为榜样。其所著《理瀹骈文》对我国中医外治法进行了一次比较系统的总结。知兄莫如弟，正如其弟吴官业在《理瀹骈文》序中所写：“医小道也，而修德积善之方在焉。风尘扰扰，我子若孙其克守此以保家，或不仅为耕读之一助也。”吴安业一生以救病治人为信念，对贫苦之人，教导子孙更应尽力周济。大医精诚，吴安业可谓身体力行者。

铭心邗城

一方水土一方人，一抔热土一抔魂。在一百多年来的峥嵘岁月里，邗江人用自己的热血和生命奋勇作战，诗文传统、家国情怀一跃变为前仆后继、舍生忘死的革命精神。

矢心向义，无间初终。出身于邗江瓜洲炭商家庭的吴志馨(字意航)，是中国同盟会早期会员，历任甘泉、舞风、海风、豫章、海深、海圻等舰舰长，广东省水雷局局长，烟台海军训练营队长，大元帅参谋部部员等职。1922 年 6 月 16 日，陈炯明炮轰总统府，妄图置孙中山于死地，紧急关头，吴志馨率海深等舰炮击叛军，力挽狂澜。吴志馨后来被军阀秘密杀害。为纪念他，瓜洲人采取募捐的方法，在其亲属以吴志馨抚恤金购置的田亩上办学，命名意航学校。

二七英烈，喋血江汉。“我整个是你的，听你话，跟你跑。我替工人阶级卖命，我为共产主义牺牲一切。”昏黄的油灯下，面对党旗，孙玉亮攥紧的左拳慢慢举起，双眼炯炯有神。电影《风暴》再现了邗江槐泗人曾玉良等人参加“二七”大罢工的情形。1923 年初，在京汉铁路江岸机厂当工人的曾玉良任京汉铁路总工会江岸分会委员，并被选为工人纠察团副团长，与大律师施洋一起，成为江岸分会委员长林祥谦的左膀右臂。“二七”大罢工爆发后，曾玉良与前来镇压的北洋军阀武装殊死搏斗，不幸中弹牺牲，年仅 37 岁。

曾玉良事迹展陈

同甘共苦，身殒柏树。许言希，原名许延熙，这位1944年9月调任甘泉县县长的革命志士，在公道区领导动员群众参军工作时，不到半个月时间，柏树乡有37名青年自觉报名。许言希坚持与群众同甘共苦，吃豌豆粉，睡稻草铺，百姓称他为人民的好县长。1944年12月，许言希在其居住地柏树乡政府张宰庄(今邗江区公道镇柏树村言希组)，遭敌人偷袭不幸牺牲，年仅32岁。

……

大浪淘沙。刻在邗江历史上的这些人、这些事，之所以存留在我们的记忆中，说到底还是文化的力量。廉洁用权、廉洁修身、廉洁齐家，这既是新时期党员干部立身行事的基本准则，也是人性向上向善的本真追求。前进路上，我们与廉同行！

贴心向导

地址：扬州市邗江区西湖街道邗江北路377号

开放时间：周二至周日 9:00—11:30　14:30—17:00

电话：0514-87111207

（撰稿人：赵建国）

焦循家风家训展示馆门厅入口处

书读秦汉以上　家在廉让之间——焦循家风家训展示馆

放眼清代学术史，焦循堪称传奇。这个常年生活在扬州城北黄珏镇（今邗江区方巷镇）偏僻乡村的读书人，既没有显赫的身份以加持，也没有殷实的家境作支柱，治学却卓有成就。焦循（1763—1820），字理堂（一字里堂），据《清代扬州学记》所列，他一生著述五十九种共数百卷。其中，经、史、历、算、声韵、训诂、医学、戏曲无所不包，与其同时期的三朝阁老阮元称其为“一代通儒”，后世更是誉其为扬州学派中期的代表人物。

《易》学传家，读书执理

北湖焦氏一直有研究《易》学的传统。焦循曾祖一代弟兄 4 人，分别取名泰来、必萃、豫来、师来，其中泰、萃、豫、师均为《周易》卦名。焦循曾祖焦师来(后改名焦源)，江都邑学生，精于《周易》之学，有《读〈易〉图》。焦循祖母是当时名士王方魏的孙女。王方魏四十年在北湖边守宅苦读，精通《易》理，著有《周易广义》十卷、《纂周易解》一卷，学识渊博，世人敬服。在家传学问和王方魏的影响下，焦循的父亲、祖父均对《周易》颇有研究。

对《周易》的研究贯穿焦循的一生。幼年时，他父亲督促他研习《周易》；弱冠以前，他主要研读宋人的《易》学著作；二十岁时，他开始研读王弼与韩康伯的《易》学著作；二十五岁后，他专心研究郑玄、马融、荀爽、虞翻等汉代与魏晋时期的各家之说；四十一岁时，他绝意仕途，发愿撰写阐述个人心得的《易》学著作，终成《雕菰楼易学三书》四十卷。

焦循治《易》，跳出了传统象数范式研究《周易》的藩篱而独树一帜，发明了"旁通""相错""时行"等《易》学法则，从而论证《周易》六十四卦的三百八十四爻之间的置换运动规律，揭示了其中所蕴含丰富的阴阳、变化思想。他强调《易》学"四圣同言说""忠恕一贯说"和"迁善改过说"等基本思想，也就是说《周易》是"假卜筮之事而易之教行乎百姓"，是"寓教于筮"，实质上讲的还是伏羲、周文王、周公和孔子"四圣"创立的古代伦理道德规范，卜筮之言只是教人立身处世、忠恕立本、改过向善、修正纠偏。

焦循读书贵在执理，他常说："学贵善用思，吾生平最得力于'好学深思、心知其意'八字。"他弟弟焦徵说他求知一刻不停，"学有辍时，思无辍时也。食时、衣时、寝时、行路时、栉沐时、便溺时，凡不能学时，皆当即所学而思之”。

嘉庆二十二年（1817），焦循足疾“连月必发，每发痛彻骨”，兼之右臂痉挛加剧，深感命数将终。与死神赛跑的两年多中，他焚膏继晷，唯恐志有懈弛，每天睡得很晚，上床后还在思考某处应该查某书，起床后对照检查，不仅回顾结集自己四十余年来的学术思想及其所作诗文，取名《雕菰集》，完成了《孟子正义》草稿三十卷约七十万言。

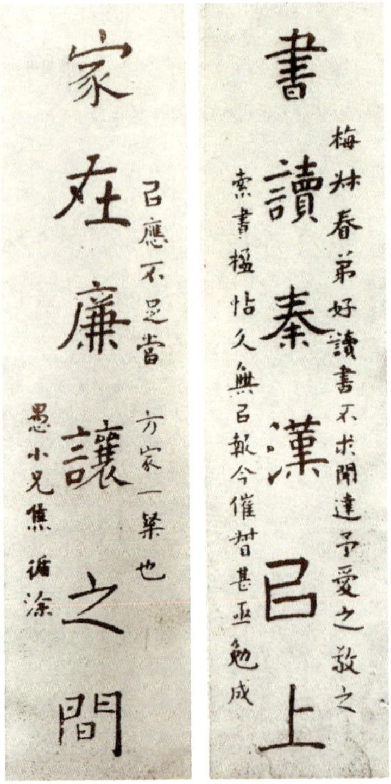

焦循书赠阮元从弟阮亨对联

忠厚廉让，知行诚笃

焦循父亲焦葱说：“吾家世世以忠厚退让为法。”焦循玄祖焦文科，曾为江都刑掾，清正廉洁，常救无辜于危难之中，未尝妄受一钱；高祖焦明旸，为人忠厚礼让；曾祖焦源，性情醇笃，莫与人争；祖父焦镜，生性厚实，广施仁爱，从不计较得失，甚至以德报怨。乾隆五十年（1785），焦葱病重，因担心日后子孙逼人债务或欠他人债务不还，陷入无尽的纷争中，去世前将多年来他人所欠自己的“数千金”欠条、凭据全部烧掉，又将自己欠人的债务全部还清，以此和退自守。

“儒者以治生为要。”由富转贫，焦循感触良深。没有一定的经济基础，生存、生活难以保证，安心读书更无从谈起。有感于此，焦循在承继“忠厚退让”家训的基础上，更注重“廉让”，他曾撰联“书读秦汉以上，家在廉让之间”并书以赠人，也勉励自己。“廉让”出自东汉王符《潜夫论·遏利》：“世人之论也，靡不贵廉让而贱财利焉，及其行也，多释廉甘利之于人。”焦循考虑的不只是礼节性的逊让，而是有原则的谦让，淡泊名利、谦逊礼让，遇有财物，则慎之又慎。

忠厚廉让，焦循知行合一。会试落第后，他更是视意外之财如身外之物，不再应科举，亦不出游，奉母家居。所以尽管大名在外，尽管他与当时的封疆大吏阮元是发小、姻亲，却从未以此谋取一官半职，谋求分毫私利。

《里堂家训》，绵泽长远

“且喜雏孙初学咏，吟声不与岁华停。”焦循对其子孙能够传承

焦循《里堂家训》稿本

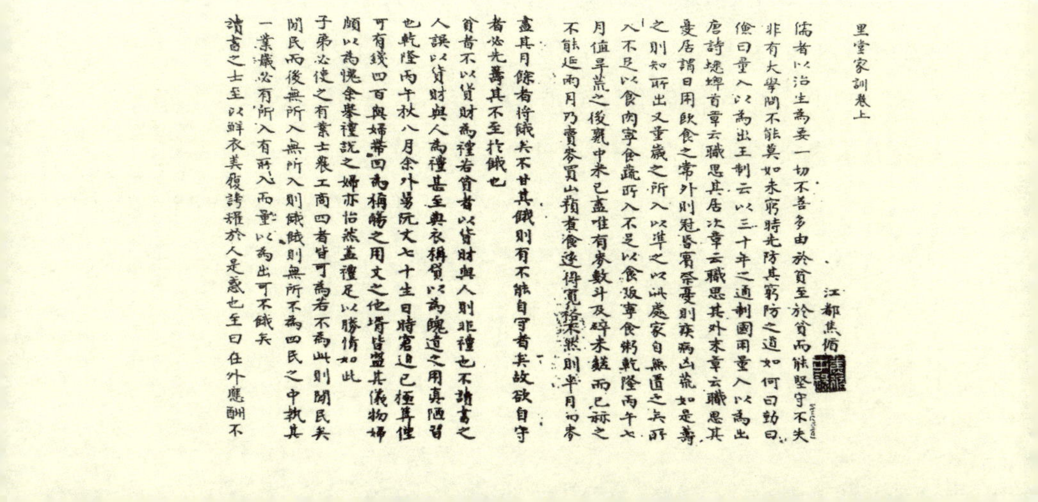
里堂家訓卷上
江都焦循
儒者以治生為要一切不善多由於貧至於貧而能堅守不失
非有大學問不能莫如未窮時先防其窮防之道如何曰勤曰
儉曰量入以為出王制云以三十年之通制國用量入以為出
唐詩蟋蟀首章云職思其居次章云職思其外末章云職思其
憂居謂日用飲食之常外則冠昏賓祭憂則疾病凶荒如是籌
之則知所出又量歲之所入以準之以此處家自無匱乏矣所
入不足以食肉寧食蔬所入不足以食飯寧食粥乾隆丙午七
月值旱荒之後甕中米已盡惟有麥數斗及碎米麩而已[illegible]之
不能延兩月乃賣麥買山藷煮食遂得寬餘不然則半月而麥
盡其月餘者將餓矣不甘其餓則有不能自守者矣故欲自守
者必先籌其不至於餓也
貧者不以貨財為禮富者以貨財與人則非禮也不讀書之
人誤以貨財與人為禮甚至典衣稱貸以為饋遺之用真陋習
也乾隆丙午秋八月余外舅阮文七十生日時窘迫已極僅
可有錢四百與婦帶回為稱觴之用文之他壻皆盛其儀物婦
頗以為愧余舉禮說之婦亦怡然蓋禮足以勝情如此
子弟必使之有業士農工商四者皆可為若不為此則閑民矣
閑民而後無所入無所入則饑餓則無所不為四民之中執其
一業歲必有所入有所入而量以為出可不餓矣
讀書之士至以鮮衣美履誇耀於人是惑也至曰在外應酬不

并弘扬焦氏家风的希冀，在其暮年愈加强烈迫切。嘉庆二十四年（1819）除夕，焦循于枕上写下这样的诗句，幼孙吟声不断，蕴含着他对“书香”延续、家学后继有人的期待和喜悦。

焦循撰有训诫子弟后人的《里堂家训》二卷传世。《里堂家训》用自己安身立命、为人处世、读书治学三个方面的践行与感悟教育子弟后人，具有发蒙解惑、匡正时弊、激劝人心的正能量。

焦循长子焦廷琥（1782—1821），字虎玉，幼承家学，学通经史，并工诗文，早有声名。阮元在浙江学政任上，曾令十四五岁的廷琥布筹推算，以验得数，百不失一，即韵赋诗，也时有佳句。可惜焦廷琥体质较弱，在焦循去世后不到一年的时间里，他也因病早逝，其遗著也有十余种。

时至今天，我们仍然能深切感受到，在充满穷困、病痛、艰难的一生里，这个读书人的初心坚如磐石，始终未变。就像其住家不远处的北湖，清风自在，清流不浊，令人神往。

为了纪念焦循，也为了更好地挖掘家风家训的历史价值和弘扬时代精神，2017 年，扬州市邗江区以焦循家风家训中的“《易》学传家、读书执理，忠厚廉让、知行诚笃”为主体，辅以其家风故事、传奇轶事、诗词作品，并将焦循嫡系第八代子孙焦劲龙、焦劲松在方巷镇黄珏社区雕菰南街上的住所，改造为焦循家风家训展示馆。

该馆目前已成为扬州家风家训教育的重要阵地，开馆以来，慕名而来的人络绎不绝，焦循能从一个普通的读书人成长为“一代通儒”，这也许更值得我们回味，怎样做一个有追求的人、一个值得敬重的人、一个不忘初心的人。

贴心
向导

地址：扬州市邗江区雕菰南街

开放时间：周一至周五 9：00—11：00　14：30—17：00

电话：0514－87711202

（撰稿人：赵建国、徐欣）

赓续红色血脉——扬州北山地区最早党组织旧址

赓续红色血脉，传承革命精神。扬州市邗江区根据那段令人难忘的革命历史，在方巷镇利民村境内，恢复重建了扬州北山地区最早党组织旧址。置身于这个仅 400 平方米的小院，细读发生在 1925 年至 1949 年北山地区的革命大事，很快使我们走进那段峥嵘岁月。

1928 年 9 月，中共扬州特委成立。11 月，曹起溍、郭成昌分别任扬州东乡、西北乡特派员。其中西北乡即包括今天方巷镇、杨寿

扬州北山地区最早党组织旧址外景

镇、甘泉街道、公道镇等在内的邗江西北一带。西北乡党组织下设曹坝支部、张庄支部、双栗树支部、常庄支部。2001 年,原曹坝村和原苏窑村合并组成利民村。据此,在今方巷镇利民村恢复重建扬州北山地区最早党组织旧址可谓"得其所"。

在党的领导下,扬州北山地区最早党组织成立以来,积极发展党员,组织斗争……星火燎原,这些愈燃愈旺的革命火种,成为影响邗江北山乃至扬州不可忽视的革命力量。

一支抗日义勇团

1937 年 7 月 7 日,全面抗战爆发;同年 12 月 14 日,日军攻占扬州城。国土沦丧,生灵涂炭,长江呜咽,运河悲泣。1937 年底,抗日义勇团成立,一支仅有几十人的神秘抗日队伍出现在扬州西北郊。他们夜袭敌机场,伏击敌运输船;血战公道桥,镇压汉奸恶霸。一时该队伍如神兵天降、士气高涨、威名远扬,从军抗日者踊跃,队伍迅速发展,至 1938 年秋,参加大小战斗 100 多次,陈文部队在前后一年多时间内,开辟了方圆 500 余里的抗日游击区。这支令日军胆怯的游击队为江都抗日义勇团,负责人正是陈文。

陈文,1902 年生于安徽省郎溪县毕桥镇。1921 年,毕业于安徽省立宣城第四师范,学成后返乡办学。当时军阀混战,民不聊生,陈文为保一方平安,变卖家产,组建民众自卫武装。1927 年 4 月,陈文率领的民众自卫队扩编为"宣(城)郎(溪)广(德)民众自卫团",陈文为总团长。在陈文的带领下,该团不断发展壮大。

时任国民党江苏省主席的韩德勤,见陈文一心抗日,却不听从

“烽火抗日篇”展陈

他们的指挥调遣，急欲除之而后快，故于 1939 年 8 月，纠集重兵向抗日义勇团发动突然袭击。这位令日军胆寒的志士，没有倒在枪林弹雨的战场上，却惨死在国民党顽固派的罪恶屠刀之下。彼时的国民党居心险恶，甚至长期污蔑陈文是打家劫舍的土匪匪首，这也导致很长一段时间里，陈文在历史上湮没无闻。

如今，在安徽省皖东烈士陵园烈士事迹陈列馆中，继新四军四支队司令员高敬亭的英名之后，排列着的正是牺牲时年仅 37 岁的抗日英烈——陈文。

一群舍生忘死人

随着形势的发展，北山地区革命进入新的历史时期。1937 年 12 月，日军占领扬州。1938 年 1 月，爱国青年毕荫堂、毕岚岚、陆勤、胡春华等人在扬州北乡方家巷成立“江都民众武装抗日委员会”，秘密散发抗日宣传品，扩大成员。2月又在扬州组建“江都民众抗日同盟”，进一步发展成员，开展秘密抗日救亡运动。后来，这些成员陆续加入新四军战斗行列。

此后，在如火如荼的革命中，北山地区涌现出一批革命先烈。如黄珏区长戴锡九，1938年他投身陈文抗日部队后，参加新四军，加入共产党。当时国民党江都县长张济传一批人隐蔽在黄珏、庙头一带活动，张济传的保安大队长苗章甫公开投靠日军并当上伪自卫团长，他们驻扎黄珏镇，欺男霸女，为非作歹。1943年，戴锡九利用苗章甫和时任伪镇长姜荣的个人矛盾，对姜荣开展统战、策反工作。后因个人行踪暴露，同年1月30日不幸遭暗杀牺牲，年仅21岁。

再比如“眼镜区长”房叔亭。房叔亭是方巷镇商家村人，1942年回乡办学，1945走上革命道路，同年加入中国共产党，先后担任商家乡监察员、民政区员、黄珏区副区长、黄珏乡中心学校校长等职。1946年夏，国民党悍然撕毁停战协定和政协决议，大举进犯解放区，黄珏地区形势日趋恶化。7月26日、27日，杨庙、甘泉两集镇被占，甘泉区署撤出。27日上午，房叔亭到三里庵执行任务，遭国民党江都县第九区区长沈亚民及“还乡团”头子汪振中带领的蒋军200余人袭击，不幸牺牲，年仅24岁。

其间发生在北山地区的黄珏桥战斗尤其振奋人心。1943年8月，驻扬州日军及伪24师一部进入湖西地区，日伪师部盘踞黄珏桥、杨寿坝。黄珏桥伪军进驻后，指令乡保长带领民工挖壕沟、筑土城、砌碉堡。为拔掉这个钉子，10月6日，当时甘泉支队跋涉30多公里赶至黄珏桥附近，当天夜里战斗打响。甘泉支队作战参谋张凤挺不幸在指挥战斗中壮烈牺牲。此战共俘获敌人 70 余人，缴获敌人机枪 2 挺、掷弹筒 2 门、步枪 55 支、短枪 2 支、子弹 2000 多发，极大鼓舞了当时的抗日士气。

一条秘密交通线

由于地理位置特殊，黄珏镇、公道镇不仅是位于邵伯湖畔的扬州西北重镇，还是扬州区域内横渡大运河的必经之路，兼之党组织发展早，群众基础好，抗战时期该地区沿湖村为运河西岸的重要渡口，为新四军的部队行动、物资运输、情报递送、人员过往等重要任务提供了重要保障，粟裕、叶飞和陶勇等将领都曾从这里渡河。

1948 年 5 月间，在中共淮南区地委的协助下，上海地下党学委政治交通系统与扬州地下党组织联手，从扬州城经槐泗桥、方家巷

“解放战争篇”展陈

到公道桥，开辟了一条秘密交通线，负责将上海地下党组织里暴露身份的党员干部、革命群众人员和情报、物资送往盐（城）阜（宁）解放区。从建立起至 1949 年，这条交通线安全护送了上海、南京、杭州和苏州等地的领导干部和革命骨干 600 多人进入邵伯湖东的解放区。淮海战役胜利结束后，人民解放军沿大运河两岸南下，一路抵达长江沿岸，扬州西北交通线也圆满完成了它的历史使命。

扬州北山地区最早党组织的影响远未止此。1949 年 4 月，当人民解放军以摧枯拉朽之势横扫敌军时，大批北湖地区的民工、船工支援解放军渡江作战，为“打过长江去，解放全中国”贡献力量；抗美援朝战争中，方巷镇境内众多青年报名参加人民志愿军，赴朝参战，保家卫国。

红色资源是党的优良传统的生动载体和鲜活见证。扬州北山地区最早党组织旧址还原了北山人民光辉的革命史，让尘封在记忆中的历史活起来、传下去。开馆以来，已接待单位、团体来访 800 多次，参观者上万人次，成为周边党员干部、群众接受红色文化教育、赓续红色血脉的重要阵地。

贴心向导

地址：扬州市邗江区方巷镇利民村夏庄组

开放时间：周二至周日 9：00—12：00　14：00—17：00

电话：18796612288

（撰稿人：徐欣、赵建国）